仲田昭一

水戸藩と領民

◆水戸史学選書◆

企画 水戸史学会
発行 錦正社

烈公筆「専力稼穡勿忘饑饉」（専ら稼穡（農業）に力《つと》め饑饉を忘るる勿れ）

（天保丁酉八年仲秋郡宰に下付され翌年郡宰はこの石摺りを庄屋に配布した）

（筆者蔵）

序文

水戸史學會　會長　宮田正彦

本書の著者が學生であつたころ、近世史學界では、所謂地方《ぢかた》すなはち農山漁村などの研究が一種のブームであつた。しかもその研究の視點は、主として農民の悲惨に向けられ、一揆や强訴など、いはゆる社會的諸矛盾の指摘に急であつた。そこには階級鬪爭を善とし、現體制を悪とする思想傾向があつた。

このやうな學界の傾向に違和感を抱いた筆者は、卒業後教職の道を擇び、上下相和する社會の構築を目指して日々務めると共に、多忙をぬつて市町村史の編纂に携はるなど、師友との切蹉を怠らず、研究を途絶えさせることがなかつた。

卒業論文のテーマは「水戸藩の土着論」についてであつた。

土着論は、主として迫り來る外壓から我國の獨立を守らうといふいはゆる海防を主たる目的とするものではあつたが、一方、士の土着によつて藩財政の安定と農民の救濟を謀らうとするものでもあつた。そこには、爲政者の現狀革新への工夫と誠意が在つた。

たしかに、近世の農民の生活は物質的には決して惠まれたものではなかつたであらう。農業技術も灌漑施設も工夫改良は積み重ねられてはいたものの未だ未熟で、天候に左右される農業を中核とする經濟構造は、さまざまな問題を孕んでゐたことも確かであり、時代の重壓の下で呻吟する人々が在つたことも事實である。

しかしながら、人はその時代と共に生きるのである。生れた時代の所與の條件の中で己の一生を紡ぎ上げるのである。歴史を通じて我々はさまざまな時代にそれぞれの多様な生き方を見出すことができる。私利私慾の爲に他を蹴落として恥ぢない者、權力を笠にきて横暴を極める者、これらの不徳者は何時の時代にも存在する。しかし一方、時代の課題に立ち向かひ、謙虚に誠實に、未來を開かうと精進する人々もまた同じやうに存在する。本書の著者の視線は、いふまでもなく後者に注がれてゐる。

本書に收められた諸篇は、水戸藩それも天保期を中心とする限られた舞臺を對象としてはゐるが、そこに息づいた「誠意」を具體的に摘出して先人の想ひを追體驗しようとする著者の姿勢は、歴史を單なる研究對象、己に對置するものとして見るのではなく、己自身の主體に於て謙虚に歴史に參入しようとする姿勢であり、これまた著者の人柄でもある。採り上げられた人々の志業は、著者の見出した史實であると共に、著者の目指す生き方そのものでもあらう。

ここに本書を水戸史學選書の一に加へ得たことを喜ぶと共に、著者のさらなる研鑽を期待しつゝ本書を世に贈る。

平成二十年五月

まえがき

わが故郷は、藤田東湖先生先祖の眠るところ。先生は、水戸藩の学者であり、政治家であり、尊王家であった。明治維新を生み出した志士達を育てられた功績は偉大である。昭和二十九年、水戸では東湖会が誕生し、歿後百年祭が行なわれた。地元でも記念事業が行なわれたことを、幼少のかすかな思い出として記憶している。

また、水戸藩は親藩、御三家の一つとして幕府政治の一翼を担う重要な藩であったと認識していた。ところが、平泉澄博士著『大西郷』の「幕府の水戸嫌悪」を読んで衝撃、朝廷と幕府との関係を再認識させられた。

一方、水戸藩は表高と内高の差があり経済的には困難を極めた。それだけに農民の辛苦は想像以上のものがあったろうと思える。しかし、藩主の領民への思いは一つ、「我は民の父母なれば、愛民専一に」である。その結果が「農人形」となって表れた。平泉博士は、「農民への感謝を示すものとしてはこれ以上のものはほかにない」と称えられた。この烈公の徳を仰いで、水戸郊外常磐村の領民達は「みかげ講」を結んで感謝を捧げた。

その藩主の意を受けて、直接領民と接するのは郡奉行（郡宰）である。それだけに、彼らの姿勢は重要である。その心構えは、郡宰吉成又右衛門の姿勢「庭には溝を切り稲を植え、部屋には四季農耕図屏風を立てて常に農民の辛苦を忘れずに」を筆頭とする。さらには、二十余年紅葉の郡宰として善政を布き農民に慕われた小宮山楓軒。為しえたことは「庭前養い得たり一株の楓」と詠んだ謙虚さ。その小宮山を「何事も姑息にて有為の念なし」と批判した藩主烈公斉昭、その主君を「(小宮山は) 老成にして人望の帰する所なり。少しく顔色をかし玉ひ議論を尽くさせ玉ふも亦人君の御職なるべし」と諫言した藤田東湖先生。水戸藩と領民との織りなす人間模様は厳しくも温かく美しい。

また、幕府全盛の時代ながら、朝廷の慶弔に関する藩庁からの達を地方文書の中に見い出したことは新鮮な驚きであった。尊王は幕末に突然現れたのではなかった。

これらに惹かれて、先師・先輩の学恩を蒙りながら今日まで歩むことができた。殊に、今は亡き名越時正先生には格別の御恩を蒙った。また、宮田正彦水戸史学会長からは出版に当たって「水戸史学選書」に推薦を頂戴致した上に過分な序文をいただいた。併せて深く感謝申し上げる次第である。

平成二十年六月

仲田昭一

水戸藩と領民　目次

水戸藩と領民

第一章　水戸藩と勅許奏請

徳川斉昭と勅許奏請

はじめに

嘉永六年（一八五三）五月、米国東インド艦隊指令長官ペリーが来航して通商を請い、翌七年正月の再来によって和親条約が締結され、寛永以来二百余年にわたった江戸幕府の鎖国政策は終焉した。これについて、幕末・明治の外務官僚で『通信全覧』を編纂し、また『幕末外交談』の著者で知られる田辺太一は、「後年、攘夷の議論が紛々として四方に起こる情勢をまねいた。幕府がつひに政権を失ふにいたつたのは、実にここに原因したのである」と、開国時の無策が幕府崩壊の原因と断定している。さらに、嘉永五年五月に届いたオランダ国王からの書簡によって米国使節の来航は予測できたのであり、この時までに幕府は海防を厳重にし「開国」の国是を定めておけば、条約を締結した上で、「将来のために開国はやむを得ない旨を諭告したならば、世人は声色を動かすことなく、人心は案の通り帖然として落ち着いたらうと思はれる。なんでこれを朝廷に奏請して、紛々擾々の事態を招く必要があらうか。なんとなれば、これが徳川氏の祖先以来の天下制馭《せいぎょ》の成法だからである」（『幕末外交談1』「外交の発端」東洋文庫刊）と、当時の幕府の「断」無きを批判し慨嘆している。

また、幕臣福地櫻痴（源一郎）もその著『幕府衰亡論』（国文館刊）の中に〈京都へ奏問〉の一項を設け「徳川幕府の政治は将軍の専裁政治なり。（中略）徳川氏は朝廷に対しては尽くすべきの尊敬を尽くして臣節を全くするを旨としたれども、政治に於ては其の内治たると外交たるとを問はず、都て将軍の専断を以て取行ひ、若し朝廷より彼是と仰下さるる旨もあらば、政治の事には京都の御口出しは御無用なりと拒絶し、剰へ是に関係の公卿堂上を厳に譴責して罰したるは、其例少なからざりき。然るを亜米利加軍艦が浦賀に渡来したりとて、何故に所司代より其事を朝廷へ奏問したりし乎。（中略）是ぞ即ち徳川幕府衰亡の原因たる攘夷の初発にして、現に攘夷の字が政治界の実際問題に出現したるは此に初まるものなり」として「朝廷への奏問」が幕府を衰亡に陥れた原因としている。

このように、「幕府の無策」や「朝廷への奏問」が幕府衰亡、或いは幕府崩壊への原因とされている論は早くから起こっているが、特にその「奏問」がやがては通商条約や将軍継嗣への「勅許奏請」或いは「違勅問題」へと発展し、幕末激動の時代が出現することからしてこの問題は重要である。これに関連しての論文は、早くは大久保利謙氏の「幕末政治と政権委任問題」（昭和三十四年『史苑』第二十巻第一号、『大久保利謙歴史著作集1に再録』）、宮地正人氏の『天皇制政治史的研究』（昭和五十六年、校倉書房）、田原嗣郎氏の「将軍継嗣問題の法理」（昭和六十年『日本歴史』十二月号）などがあり、最近では、遠山茂樹氏の『明治維新と天皇』（平成三年、岩波セミナーブック）、吉田常吉氏の『安政の大獄』（平成三年、吉川弘文館）、『日本の近世』５（辻達也編、平成三年、中央公論社）、藤田覚氏の『幕末の天皇』（平成六年、講談社選書メチエ）などがある。

ここでは、これら先学の研究成果を踏まえながら、ペリー来航前の弘化三年（一八四六）八月二十九日、孝明天皇から幕府に対して出された海防勅諭に注目し、それまでに水戸藩主徳川斉昭がどのように関係していったかに触れながら、勅許奏請への背景を探ってみたい。

一　朝権の抑圧と恢復計画

徳川幕府は、京都所司代を設置すると同時に、元和元年（一六一五）七月「禁中並公家諸法度」を発布して朝廷・公家に対する行動を制限した。その「禁中並公家諸法度」について、尾藤正英氏は、『江戸時代とはなにか』（岩波書店発行）の中で、「朝廷を幕府の統制下に置いて、その自律性を奪ったものであると解釈されがちであるが、事実はその逆ではあるまいか」、「幕府は朝廷から政治権力としての性格を失わせたかのようにいわれることも多いが、これも誤解であると思われる。とくに第一条の天皇に関する規定が、主として学問のことを述べている点から、天皇を政治から遠ざけ、学問に専念させようと解釈されることも多い」として、従来の解釈とは異なる見解を示している。その中で、第一条については次のように述べている。

ほぼ前文が、鎌倉時代における順徳天皇の著『禁秘抄』の中の「諸芸能の事」という章の引用から成っており、本書は古来、天皇のための教訓の書として重んぜられてきたものであって、そこに示されている学問の内容も、『貞観政要』や『群書治要』などの書名の示す通り、むしろ為政者としての教養の学問であった。（中略）その天皇を日本の国の君主として、その地位にふさわしい教養を期待しているのであり、その天皇の朝廷にも、朝廷として具備しなければならない内部規律を、この法度によって与えようとしていたのであった。(1)

しかし、このような一面はあったにしても、大臣・摂政・関白の任免権や、改元への介入、僧正・門跡叙任の資格、紫衣・上人勅許などの制限を見ると、従来の説を出ることは無理があると思われる。また、京都周辺には親藩或いは譜代大名を配して外の勢力と京都との結びつきを防ぐと共に京都所司代を任命し、旗本からは禁裏附を選んで警戒に当たった。加えて、譜代の井伊家に対しては、密かに京都守護を命じていたことも注目しなければならない。

それだけに、朝廷側としては復権の意志を強く持ち続けるのである。後水尾上皇は、寛文三年（一六六三）に完成した修学院離宮には春秋二回の行幸であったが、霊元上皇の強い希望によって享保十年（一七二五）にやっと一回が追認された。享保十八年（一七三三）には、霊元上皇が先に（時期不明）下御霊社に捧げられた願文が再度捧げられている。即ち、朝廷の儀は年々次第に日を遂って暗然、歎かわしく限りが無い。これは私曲邪佞の悪臣の執政が長く続いたことによる。神慮正直の威力を以て、早く彼の邪臣を退かせられ、朝廷復古の儀を守り幕府に媚びる公家衆を排除して朝儀の復興をと強い熱意を示されたのである。(2) この霊元天皇の在位中に行なわれた朝儀について残された詳細な記録は、「後水尾法皇八十御賀記」・「聖廟法楽御記」・「天和二年八月懺法講話」・「立親王並行啓読書始之記」・「立皇太子記並初観之事」・「立后記」・「東福門院七回忌懺法講之記」・「東宮御元服御記」・「貞享三年八月懺法講記」等があり、霊元天皇の朝儀に関する情熱をうかがうことができる。(3)

また、「公武法制応勅十八箇条」(4)は明治時代に編集された『徳川禁令考』に載っているが、早くから偽書とされたものである。これはおよそ十八世紀後半のものと推定されているが、(5)当時の朝幕関係を窺うには参考になるものである。この中で、第二条に「政道奏問ニ及ハス候」とあって、政治に関しては一切が幕府の専決とした上で、第九条では諸大名がたとえ勅命といえども宮中へ参内してはならない、西国の諸大名が京都を往来することを禁止する、もし京都郊外を見物したいものはその旨を幕府へ届けて許可を得ることとした上で、婚姻については、

公家ヨリ武家ニ縁組之事、関東江相達、将軍家ヨリ及《ビ》二沙汰一、其上ニテ取組可レ申、若其儀無レ之取結ハレ候ニ於テハ、其罪可二申付一候、縁組之上モ猥ニ宮中之趣其沙汰仕候儀、相聞申ニ於テハ、可《キ》レ為《ル》二重罪一事、従二公家一縁辺ノ武家ニ金銀無心等申入候事、相慎可レ申候(以下略)

と規定し、公家と大名間の婚姻は否定はされなかったが幕府の許可を必要とし、婚姻後も朝廷に関する

表１　将軍家・御三家と主な大名の京都との縁組

家	代	当主	夫人出自
将軍家	3	家光	鷹司信房の女
	4	家綱	伏見宮貞清親王王女
	5	綱吉	鷹司房輔の妹
	6	家宣	近衛基煕の女
	7	家継	霊元法皇皇女（婚約のみ）
	8	吉宗	伏見宮貞致親王王女
	9	家重	伏見宮邦永親王王女
	10	家治	閑院宮直仁親王王女
	11	家斉	近衛経煕の養女（実父は島津重豪）
	12	家慶	有栖川宮織仁親王王女（有栖川宮韶仁親王王女を養女に）
	13	家定	鷹司政通の養女（鷹司政煕の女）
			継室、一条実良の女
			再継室、近衛忠煕の養女（島津忠剛の女）
	14	家茂	仁孝天皇皇女和宮
	15	慶喜	一条忠香の養女（今出川公久の女）
尾張	1	義直	（息女を広幡大納言忠幸の室に）
	3	綱誠	広幡大納言忠幸の女
	4	吉通	九条輔実の女
	6	継友	近衛家煕の女（養女を九条幸教の室に）
	9	宗睦	近衛家久の女
	10	斉朝	継室、鷹司政煕の女
	11	斉温	継室、近衛基前の養女（鷹司政煕の女）
	16	義宜	有栖川宮熾仁親王王女
水戸	2	光圀	近衛信尋の女
	3	綱條	今出川公規の女季姫（今出川公規の女益姫を養女に）
	5	宗翰	一条兼香の女
	6	治保	一条道香の女
	9	斉昭	有栖川宮織仁親王王女
	10	慶篤	有栖川宮幟仁親王王女
			継室、広幡基豊の女
	11	昭武	中院道富の女
紀伊	1	頼宣	（息女を鷹司信平の室に）
	2	光貞	伏見宮貞清親王王女（息女を一条冬経の室に）
	7	宗将	伏見宮貞建親王養女（今出川公詮の女）
			継室、一条兼香の女
	9	治貞	今出川誠季の女
	12	斉彊	近衛忠煕養女（広幡基豊の女）
	14	茂承	伏見宮邦家親王王女
井伊	5	直通	転法輪実治の女（息女を転法輪公充の室に）
	9	直定	（息女を転法輪季晴の室に）
	12	直幸	（息女を転法輪実起の室に）
	16	直憲	有栖川宮幟仁親王王女
島津	5	吉貴	（息女を近衛家久の室に）
	9	重豪	継室、甘露寺矩長の女（息女を近衛経煕の養女に）
	12	斉彬	（息女を近衛経煕の養女に）
伊達	8	斉村	鷹司輔平の女
	13	慶邦	近衛忠煕の養女

註『日本史総覧』より作成

話題は極力制限を受けたのである。これは、四代将軍家綱の寛文四年（一六六四）に発布された武家諸法度の中で「公家と縁組を為すに於ては、奉行所（御用部屋）に達して差図を受くべし[6]」との但し書きを付加されたことでも、幕府が如何にこれを重大視していたかを知ることが出来る。

しかし、実際には公家は家政上の関係から大藩との縁組を希望し、諸家も皇室・公家の伝統的権威に魅せられるところがあった。幕府も、公家は少しも政治に関与することのない安堵さからか、諸大名の婚姻を容認した。しかも、将軍家自らが宮家や公家と積極的に縁組をしているのである。（表1）これは、御三卿である田安家（閑院宮家・近衛家）、一橋家（京極宮家・伏見宮家・一条家・二条家）、清水家（伏見宮家・近衛家）なども同様である。

将軍家がこの様であったから、他の大名にもそれは及んでいる。御三家である尾張藩では、初代義直の女京姫が広幡大納言忠幸の夫人となっている。義直は、単に公家の権威に憧れたものではなく、家法（円覚院様御伝十五箇条）の中に「依㆓王命㆒被㆑催事」との一箇条を記して、尊王を以て臨むように子孫を教誡していることは重大である。この義直は、水戸藩の徳川光圀の伯父に当たり、光圀の学問にも大きな影響を与えている。(7) 光圀が、「我が主君は天子なり、今将軍ハ我が宗室也(8)」と尊王を説くに至ったことも、この義直の精神がその背景の一つとなっている。

譜代大名の中では、井伊家が転法輪家（三条家）との縁組が多く、外様大名では薩摩の島津家や陸奥の伊達家、阿波の蜂須賀家などが強い関係を持つに至った。この様に見てくると、幕府が最も警戒していた縁組についての法令は遵守されることは少なく、しかも幕府自らが破っていたといってもよいであろう。これは、やがて朝廷や公家など京都の勢力回復への道を開くことにもなったと言えよう。

註

（1）『江戸時代とは何か』九九・一〇〇頁。

（2）『日本の近世』2＝天皇と将軍（中央公論社刊）一九二頁。

（3）同右　一七七・八頁。
（4）『徳川禁令考』前集第一　四頁〜七頁。
（5）『日本の近世』２　二四二頁。
（6）『徳川禁令考』前集第一、六五頁。
（7）田邊裕氏論文「尾張義直と水戸光圀」（『水戸史学』第十八号所収）に詳述されている。
（8）『義公伝記逸話集』「桃源遺事巻之三」（吉川弘文館刊　一二八頁）。

二　徳川光圀（義公）の官位追贈

水戸藩の尊王は、初代徳川頼房（威公）に始まっていたが、二代義公光圀の大日本史編纂、湊川大楠公碑建立が、後世に大きな力となったことは論を俟たない。[1]また、幕府の承認を要していた公家との婚姻についても、光圀の後、三代綱條（粛公）、五代宗堯（良公）、六代治保（文公）、九代斉昭（烈公）、十代慶篤（順公）と続き、加えて斉昭の姉順子（二条斉信夫人）、清子（鷹司政通夫人）のように、水戸家の子女が公家にも嫁していた。これらについて『阿部正弘事跡』では、

水戸家ノ歴代多ク京都ノ人ト嫁娶ノ縁故アリ。斉昭ノ時ニ於テ両者ノ関係殊ニ深キコト……其政治ノ交通ニ便ヲ得タルコト知ルベシ。是レ、当時ノ歴史上最モ注目スベキノ緊要事ナリ。

と特筆し、水戸と京都との密接な関係に注目しているのである。[2]

このような関係からすれば、朝廷の水戸への配慮は格別であっても不思議ではなかろうが、光圀への任官については、朝廷の意向が素直には通ってはいなかった。即ち、光圀は寛文元年（一六六一）、権中納言であった父頼房の後を継いで藩主となり、翌二年参議に任ぜられたが、その後元禄三年十月十四日に隠居し、翌十五日に権中納言に任ぜられるまで、およそ二十八年間参議の儘であった。家の格式を守る当時の慣例から云っても、また権中納言に任ぜられた他の水戸藩主（三代綱條、六代治保、八代斉脩、九代斉昭、十代慶篤）が、いずれも藩主在任中であったことから云っても、光圀も在任中に権中納言に任ぜられてもよかったのである。幕府がそれを奏請せず、隠居後まで据え置いた背景には、夙に平泉澄博士が指摘されたように、(3)光圀の尊王・大義を死守する精神を幕府が忌み嫌った結果と捉えてよいであろう。

ところが、天保三年（一八三二）五月七日、光圀に対する従二位権大納言追贈の事情は、それまでの慣例を大きく破るものであった。即ち、それまでの武家の叙任は、全て幕府より奏請し、朝廷がこれを認可することを通例としていたのであるが、今回は、幕府からの奏請は無く、直接朝廷から幕府に対し「源義殿御遺勲年来御歎美之御事に候。依レ之被レ為二褒賞一」(4)との内慮が伝えられた。同年五月二十二日には、老中松平乗寛から斉昭に対して、

源義殿御事碩学多才、類二聚旧典一、成二書数百一、纂考頗ル便、此餘ノ事迹、有益不レ少、賢能遺勲、年来御歎美候。仍レ之被レ為二褒賞一、被レ追二贈従二位権大納言一候旨、去ル七日宣下有レ之候段、従二京

都一被二仰進一候。依レ之御使被レ遣候。(5)

と、この追贈を認める旨伝達された。

しかも、この追贈が全く幕府の関与するところでなかった様子は、当時京都にいた川瀬教徳が、次のように述べていることからも明かである。

義公様御贈官は禁中より起候に相違無二御座一候。中々外より起り候事には無二御座一候。……禁裏様之思召歟、関白初御役人中の心付きより起候而御贈官に相成候歟は、御懐合分り兼候所、何れにも外より起り候事には決而無二御座一候間、禁中より起り候に相違無二御座一候。……公儀より御願も無二御座一候処ヲ、禁中より風図被二仰出一候段は、関白様も折々御噺被レ成候間、全ク外より起り候事に無二御座一候。(6)

これに対する幕府の反応は未だ管見に及んではいないが、幕府としては拒否することも出来たであろう。しかし、それを看過したのであれば、幕府権力の衰えと見てよかろうか。また、逆に云えば、朝廷の水戸家、殊に斉昭に対する深い御信頼であり、期待されたところ大きいものであったとしてもよいであろう。或いは、斉昭の姉喜久が関白鷹司政通の夫人〈文化三年（一八〇六）七月嫁す〉であったことも与っていたろうか。

ところで、水戸藩ではこの慶事を早速領内に伝達している。飯田村（那珂市）「天保三年御用留」には次のように記されている。

義公様御遺勲年来御歎美被レ遊候。依レ之為二御褒将《ママ》一従二位権大納言御追贈被レ為レ在候旨、去ル七日宣下有レ之候段、京都より被二仰進一候旨、以二上使一被二仰出一候。

右之通御達有レ之候条、此段奉二承知一、惣百姓水呑寺社門前ニ至迄無レ洩可二申触一候。且、重立候百姓江戸江不レ及二参上一候。何所江罷出御祝義可二申上一候。右見届順達留りより役所へ可レ返候。以上

五月二十六日　石河徳五郎（御奉行）

常葉村々庄屋(7)

これによると、光圀の叙位任官が、京都の朝廷より直接下されたものであることが、村々の庄屋を通して本百姓、水呑百姓、寺社門前の住人まで洩れ無く伝達されていることが明かであるし、これはまた非常に注目すべきことでもある。なぜなら、厳しい幕藩体制の中にあって、「将軍あることを知って、天子あることを知らざる者多し。是れ甚だ歎ずべきこと也」とは、宝暦事件の中心人物であった竹内式部が慨嘆したところである(8)。しかし、この通達は、朝廷の存在がはっきりと領民に知らされていたことを示しているからである。

また、この他に「御用留」にある朝廷関係の記録は、管見の限りでは光格天皇、仁孝天皇、孝明天皇の崩御及び有栖川宮など公家関係もある。（これについては後述するが、新帝の践祚・即位については見出していない）これらによって、京都に朝廷・天皇が存在していることが、学問有る一部の者に限らず一

般の領民にまで知られていたことは明かであろう。これが、直ちに尊王論の高揚に結ぶことはなくとも、朝廷が表面に出てきた際に、容易にそれを理解できる素地となっていたことは再認識されてよいであろう。

一方、この恩典に浴した斉昭は、光圀の遺緒を紹述してこれに報いることを決意すると共に、禁裏へは文台を、仙洞御所へは硯に「大井川深き恵をくみあけて水の流も久にすむらし」との詠歌を副えてそれぞれ献上した。さらに天保四年（一八三三）には、水戸領内の寒水石を以て雪見灯籠と手水鉢を造らせ、同六年に灯籠は仙洞御所内庭へ、手水鉢は修学院離宮庭へ据えたのであった。(9)

註

（1）安見隆雄氏著の『水戸と京都』には、「朝廷の復興と義公」をはじめとする諸論文で朝廷と幕府・水戸藩との関係が詳述されている。
（2）続日本史籍協会編　四一一頁。
（3）『首丘の人大西郷』　三〇三頁。
（4）・（5）・（6）『水戸藩史料』別記上　一九六頁～一九八頁。
（7）大和田まさ氏蔵。
（8）徳富蘇峰著『近世日本国民史』29、第六章に詳述されている。
（9）『水戸藩史料』別記下「京師との関係」。

三　徳川斉昭（烈公）の尊王

斉昭の尊王行為は、この光圀追贈の御礼に続いて、念願であった山陵の修復に加えて神武天皇と天智天皇の御社を建てることであった。山陵修復については、直接朝廷との関係もあり、急々には実現する可能性は少ないことから、まず神社創建について史館総裁会沢正志斎に相談した。しかし、正志斎は「諸侯の天子を祀るは非礼なり」(1)として反対したことから、天保五年（一八三四）山陵修復について幕府へその実現方を建議することとなった。以後、しばしばこの件について建議したが遂に実現には至らなかった。

朝廷に関する件にしても、他の政策同様に事有る毎に建議している。天保十一年（一八四〇）十一月十九日、光格天皇が崩御された際に関白鷹司政通に対して、臣子としてはこの機会に仏式ではなく神武天皇に倣って山陵を建営する必要がある。さもなければ諡号を贈ることだけでも是非実現できるよう建言した。これは、同年十二月初に幕府老中にも建言され、将軍家慶にまで届いている。この諡号の件は、京都では議奏の三条実万も建言しており、このためもあってか翌天保十二年閏正月二十八日に光格天皇との諡号が実現した。九世紀の光孝天皇以後絶えていた諡号の復活であった。更に、同年十一月十九日は、光格天皇の忌日に当たることから、光圀以来の元旦天拝と同様、先帝の国忌にも遙拝式を挙行し、以後恒例となるのである。斉昭は、このように京都への忠誠を尽くす一方、藩政に於いても（天保）改革を推進していったことにより、天保十四年（一八四三）五月十八日将軍家慶から褒賞された。しかし、一年後の弘化元年（一八四四）五月六日、水戸東照宮祭祀改め等の嫌疑を以て隠居謹慎の厳罰に処せられた。（弘化甲辰の国難）これについては、所司代を通して京都へも達せられ、奏聞を受けた仁孝天皇は「昨年の事有レ仰、如何之次第哉」(2)と深い懸念を表明されている。

その後謹慎を解かれた斉昭は、弘化二年九月に光圀の「礼儀類典」の進献に倣って歴代天皇の公文及び和文に係るものを「八洲文藻」と名付けて百十二巻を献上した。斉昭の意図したところは、その時の上奏文(3)に明かである。即ち、「国体の尊厳」を示し、「人文の隆蔚」を表すところにあったのである。

この「八洲文藻」献上当時の状況は、異国船の接近は頻繁となり、天保十四年にはオランダ国王が開国を勧告してきていた。この勧告に対して幕府は、弘化二年（一八四五）六月に開国拒否の回答をしているものの、異国船に対する具体的対策を立てることはなかった。斉昭は、弘化三年八月に、

一昨年来、追々異国船の沙汰も御座候処、少しは奥向きニても御聞及び候半か。右等之義ニ付候ては、下官事三十年前より必ケ様相成可レ申と心付居候へ共、部屋住の義ニて申上候手つるもなく、其のままに打過候処、はからすも水戸家相続被二仰付一候事故、家督の砌より御為筋と存候義ハ存切恐れをもかへり見不レ申、追々上へも申上又老中へも時々申聞候。(4)

と述べているように、海防に関しては、部屋住時代から殊に関心を寄せていたこともあって、しばしば幕府に献言してきたところであった。これらを受け入れることもなかった幕府の無策に対し、弘化二年八月老中阿部正弘へ「明君一班抄」を贈り、幕政改革を促したのである。このような中での「八洲文藻」の献上であった。これが嘉納され、仁孝天皇より「深く御満足の意を表された[5]」のである。斉昭の喜悦もまた大きいものがあったことであろう。ところが、この仁孝天皇は弘化三年（一八四六）正月二十六日、四十六歳を以て崩御されてしまったのである。

註

（1）『水戸藩史料』別記上　二〇一頁。
（2）・（3）・（5）『水戸藩史料』別記下　五四二頁〜五四五頁。
（4）『茨城県史料』幕末編Ⅰ「新伊勢物語」　八二頁。

四　孝明天皇の即位と徳川斉昭

仁孝天皇崩御の七日後の二月十三日、孝明天皇は十六歳で践祚された。この間、関白鷹司政通が准摂政となったが、天皇践祚については関白から内旨が幕府に伝えられ、奉答があった後に践祚となることから、崩御即践祚とはならなかったのである。

そもそも、幕府の朝廷抑制策により、上は譲位、践祚、立親王、立后、女御入内等の大典から、下は摂政、関白の任免黜陟《ちゅっちょく》に至るまで、はじめに朝廷は内慮を幕府に諮詢し、その奉答を待って後に実行するのが慣例であった。事実、崩御から践祚までの空位の生ずることを悲嘆した参議東坊城聡長は、既に立太子治定の際に幕府に諮問していることから、践祚に当たってはその必要はあるまいと建議したのであるが容認されなかった(1)。幕府の威力は、少しも衰えていなかったのである。

このような中で、若き孝明天皇への斉昭の信頼は厚く、期待は高いものであった。しかし、内憂外患の迫る時勢困難な状況から、諒闇中の天機を窺い(2)、かつ関白鷹司政通へは孝明天皇への補導に万全を期するよう、次のように建議した(3)。

此後ハ、万機之御大政別て御繁多之義、奉二敬祭一候。併今上帝御英明に被レ遊御座候上にも、尚更御補導被レ為レ上候様、何分御保護御永久御奉職被レ為レ在候様、奉二敬祈一候。御文字ハ御専要之御義、国学ハ勿論漢学等其外下々の書画類迄も御博く御覧被レ遊稼穡の艱難など下情にも御通じ被レ遊候ハヽ、御詠歌等迄の御益も可レ被レ為レ在と奉レ存候。……古実衰弊多く、第一にハ皇国根元之神道も漸く廃れ、異端虚無之数、雲上迄も餐入致候様相成候様ハ、追々御改正に仕度奉レ存候。

ここには、孝明天皇の幅博い学問によって広く国民生活に通じられること、皇族への仏教の弊害を廃し神道を興隆させようとの至願が示されている。その上、過度の学問奨励によって健康を害されることの無いこと、しかし常に懈怠のないこと。また、未だ疱瘡も済まされていないようであるから、それへの良薬を準備するようにと付言している。また、この中で「八洲文藻」が確かに天覧に供されたことや「丙丁録」(4)を献上して褒賞を受けたことも明らかになっている。更には、この時会沢正志斎の「廸彝篇」も献上して、歴代天皇の仁徳と国柄及び人倫の尊厳を学ばれることを願ったのである。

これらによって、斉昭の孝明天皇に対する深い慈愛と至誠とを窺うことが出来よう。

註

(1)『維新史』第二巻　二一頁。

(2)天機伺いについては、嘗て天保八年(一八三七)の大塩平八郎の乱に際して、烈公は老女花の井を通して鷹司夫人に書簡を送り、同夫人から関白、天朝へと伺いが通じていた。

(3)『水戸藩史料』別記下　五四六頁。

(4)『水戸藩史料』別記下、五八六頁には「丙丁録は、宋の柴望丙丁亀鑑に倣い、吾国往古より丙午、丁未の両年間に起こりたる事実を網羅したものにして、天保年間の編輯に係れり」とある。

五　朝廷と領民

ところで、先に述べた仁孝天皇崩御(弘化三年)の件が、二月六日の発喪の後、国内全域に通知された。水戸藩内に残る「御用留」には次の様に記されている。

禁裏御不豫之処、去る六日崩御被レ遊候ニ付、鳴物殺生ふしん武芸、今十一日より来ル十四日迄御停止有レ之候条、其旨相心得、村中寺社門前ニ至迄無レ洩可二申触一候。且右之趣寺社方よりハ、別に不二相達一候処、寺社有レ之候村方ニテハ、通達可レ被レ致候。

以上

二月十一日

河津楠内（郡奉行）[1]

そもそも幕藩体制下にあっては、将軍はじめ幕府の方針や藩政に関する事柄は、必要に応じて一般領民に対して通知されることは当然である。朝廷に関する事柄についてはどのようであったろうか。仁孝天皇については既述したとおりであるが、朝廷の勢力回復に重要な役割を果された光格天皇についても記録されている。天皇は、文化十四年（一八一七）三月二十二日に恵仁親王（仁孝天皇）に譲位され、上皇となって仙洞御所に住まいされていたが、弘化三年（一八四六）十一月十九日崩御された。これについて、飯田村「弘化三年御用留」には次の様に記されている。

去ル十九日

仙洞御所被レ遊二

崩御一候ニ付、鳴物殺生普請今日より来ル二十八日迄御停止有レ之候条、其旨相心得、村中寺社門前ニ至迄無レ洩可二申触一候。且右之趣寺社方よりハ別ニ不二申触一候処、寺社人有レ之村々ニテハ、其旨通達可レ致候。見届刻付早々順達、留り村より役所へ可レ返候。

以上

十一月二十六日　　鴻巣より戸崎へ　　西郷儀衛門（郡方役人）[2]

また、後の孝明天皇の場合には更に念入りに通達されている。増井村の慶応三年（一八六七）の「御用留」[3]には、次の様に記されている。（孝明天皇の崩御は十二月二十五日、発喪は二十九日）

別紙之通、御達有レ之候条、其旨相心得、早々順達可レ有レ之候

正月八日　　大関族之介（郡奉行）

車田藤兵衛様、川又宗衛門様

加倉井英次郎様、袴塚周蔵様

禁裏不豫之処、旧臘二十九日　崩御被レ致候ニ付、鳴物殺生普請武芸、去ル四日より御停止之事。

但、日数之儀ハ、近日追而可二相達一候

これについては、二月になって次のように緊急軽便なる普請許可の追加触れがあった。

大行天皇崩御ニ付、普請鳴物停止候ニハ候へ共、類焼等ニ而難二捨置一分、軽便ニ雨露相凌候迄之普請ハ不レ苦候。

右之趣向々江可レ被二相達一候。

更に二月十九日付けでは、次のように普請の全面解禁が告げられた。

大行天皇崩御ニ付、普請御停止之処、同十六日より御免被レ成候。
右之通、支配々々へも可レ被二相達一候。以上

なお、弘化二年（一八四五）の「諸御用記牒」（大和田家蔵）には、有栖川宮（韶仁親王）家の不幸も次のように記されている。

有栖川宮様、去月二十八日薨去ニ付、鳴物・殺生は、御当日より来ル十七日迄、面々相慎候様御達有レ之候条、其旨相心得、村中無レ洩申達、且右之趣寺社方より別ニ不二申触一候条、寺社有レ之村方ニてハ、其旨通達可レ致候、以上。

三月九日　同十一日未下刻戸崎より豊喰新田へ　今井新平（郡奉行）

ただし、これには、有栖川宮韶仁親王が斉昭夫人登美宮吉子の兄に当たることと大きく関連があるとも思える。

しかし、これらの「御用留」によって、前述した光圀追贈の件と同様、各藩の領民にも朝廷の存在、天皇・上皇の動向などがかなりの程度知らされていたことが分るであろう。このことから、幕藩体制の中での朝廷の存在を再認識する必要が出てくると思うのである。(4)

註

（1）・（2）那珂市飯田　大和田まさ氏蔵。

（3）城里町増井　袴塚誠氏蔵。
（4）『近世日本国民史』22（七四頁）には、近衛基熈の日記から引用して、「水戸中納言（綱條）が、享保三年（一七一八）九月十一日に逝去した折、洛中へは十九日より二十五日まで七日間の音曲停止を命じている。このため、禁裏に於いて予定していた二十一日の猿楽も取り止めとなった。武家方のことに於いてもこのようであるのに、朝家臣下の薨逝では、朝廃については多くは三日もしくは一日である」（大略）と、幕府方と朝家方の大きな差を嘆いていることを載せている。

六　徳川斉昭の海防諮問

つぎに、対外関係からその対応のあり様を斉昭と朝廷及び幕府との関連で述べてみたい。弘化元年（一八四四）六月に、幕府が出したオランダ国王の開国勧告に対する回答文の中に「我主親読之」とあることについて斉昭は、

我主と指候者、老中よりてハ幕府ニ候半か、日本国を指て来り候上は、我主と申候てハ禁裏ニ無レ之テハ如何ニ有レ之候。くれぐれ日本中へ聞申候ても、又外国へ聞申候ても不レ宜認方也。(1)

として、「我主」とは「幕府」ではなく「禁裏（朝廷）」であると、名分上から厳しく弾劾している。また、「通信限朝鮮琉球」(2)としたことについても、朝鮮と琉球を同一視した点を厳しく批判した。確かに、琉球は島津氏の領分であった。この琉球には、既に弘化元年（一八四四）三月十一日にフランスの軍艦

が来航して通信・貿易・布教の三事を要望していた。更に翌二年五月にはイギリス船が来航し、翌三年四月にも英仏両国船が来航して滞留を請い、或いは交際・通商を求めたのである。

これによって、薩摩藩主島津斉興・斉彬父子と老中阿部正弘・大目付筒井政憲との協議となり、その結果幕府は、弘化三年閏五月二十七日「機変に応じ、不レ失二御国威一様、寛猛之場合、程能熟慮指麾有レ之候」[3]と、琉球の外交権を薩摩藩に委任したのである。これは、琉球が特殊な地理的・政治的条件下にあったとはいえ、幕府の外交権を自ら放棄したものであり、外交権崩壊の端緒でもあった。

この琉球の件と、同年閏五月二十八日のアメリカ東インド艦隊司令長官ビッドルの来航とについて斉昭は、六月十七日老中阿部正弘に対して、

此度ハ、琉球も六ケ敷と被レ察候。一寸逃れに、御内々福建等にて交易為二御済一にも相成候ハヽ、少々の内ハ穏の様に見へ可レ申候得共、又々八丈・対馬等之島々へ手を出し候儀、無レ疑被レ存候。且又浦賀之儀も、被レ下物等有レ之候へハ、来年は勿論、当年中にも又々来候半も難レ計、其時々被レ下物有レ之候ハヾ、船をハ度々寄可レ申候。其時々人数を出し候ハヽ、大名ハ勝手も痛み、初ハ千人出候者ハ五百人・三百人と申如く段々に減じ、万一事有レ之節ハ如何にも御手薄ニ相成候半。[4]

と建議して、異国船に対して不用意に接することの無いようにと警戒を促した。更に海防に備えるために、人材登用を願って有力人物の批評までして進言している。それだけに、斉昭が老中阿部に対し、異国船来船の度にそれについての詳細な報告を求めたのは当然であった。

更に、将軍家慶に対しても、斉昭自ら或いは水戸家老女花の井の妹である大奥の姉小路を通して、海防に関する啓蒙に努めたのである。即ち、弘化三年（一八四六）八月一日、将軍家慶に対して、

（外国が）今、手ニ付不レ申ハ日本計ニ候へハ、如何ニモ御危く、日本開闢以来何レの国へも付不レ申、日本徳川の天下ニて、万々一御奪れ被レ遊候てハ、天照皇大神宮御初へ御対し被レ遊候て、不レ被レ為レ済ハ勿論、左までニハ及不レ申候とも、此太平の天下を御乱被レ遊候てハ、東照宮へ御対し被レ遊候て、如何とも御申訳ハ無レ之候。神功皇后ハ女帝ニてあらせられ候へ共、此方より渡海し玉ひて朝鮮を奪玉ふ程の御義ニ被レ為レ在候。徳川の天下ニて、此地ニ居なから夷狄を防き兼、奪れ候てハ、何とも可レ申様無レ之候故、心付候義ハ伊勢守（老中阿部正弘）へも筆ニ及候だけハ申遣候へ共、尚又上よりも御励せ被レ遊候て、ケ様なくてハ不二相成一と見抜候事ハ、すミやかに決断致し候やう被二仰付一度奉レ存候。[5]

と述べ、遠く歴史を回顧しつゝ、海防対策に非常なる勇気と決断を期待している。また、姉小路に対しても、同年八月に、

外国へ引張《（関係すること）》候義ハ、日本国の誉ニも相成候御大切この上なしニ候へハ、此度の義、一通りの思召ニては不レ被レ為レ済候故、御序の節、御内々よくよく御申ニて、伊勢守初は勿論三家卿へもよくよく御相談被レ遊、又外様大名たり共、格別右等の事ニ常々心を用候人々ハ、御内々伊勢守等より成とも了簡御尋被レ遊候て、此上徳川の天下を末永く御持張、今を初と又々是の字を御握初被レ遊

侯やう仕度、御内々申まいらせ候。(6)

と書き送った。幕藩体制維持のため、即ち日本国安泰のために、幕閣は勿論、三家三卿、更には外様大名からも意見を具申させようとしたのであり、ここには、早くも外交に関しては幕府専決ではなく、諸大名への諮問もあって然るべきとの考えが打ち出されていると思われるのである。

註

(1)・(2)『茨城県史料』幕末編Ⅰ　五一頁。
(3)『阿部正弘事蹟』二　六三三頁。
(4)『水戸藩史料』別記下　五九一頁～五九二頁。
(5)『茨城県史料』幕末編Ⅰ　八三頁。
(6)同右　八五頁。

七　海防勅諭

弘化三年（一八四六）八月二十九日孝明天皇は、幕府に対して次のような海防に関する御沙汰書即ち海防勅諭を発布された。

近年異国船時々相見候趣風説内々被二聞食一候。雖レ然文道能修、武事全整候御時節、殊ニ海辺防御堅固之旨、是又兼々被二聞食一候而御安慮候得共、近頃其風聞屢彼是被レ為レ掛二叡念一候。猶、此上武門之面々洋蛮之不レ侮、小寇不レ畏、大賊宜籌策有レ之、神州之瑕瑾無レ之様、精々御指揮候而弥可レ被レ安二宸襟一候。此段宜御沙汰候事。(1)

とあるのがそれである。この時孝明天皇は十六歳、しかも践祚後間も無いこともあり、この発議は議奏三条実万が関白鷹司政通に諮って立案したものとされている。(2)

また、この御沙汰書の降下については、関白鷹司政通の夫人が前水戸藩主徳川斉昭の実姉清子であることから、斉昭の働き掛けがあったものと推測されている。東坊城聡長が十月二十八日に関白鷹司政通邸を訪ねた時に、斉昭の封事一冊を見せられたことを日記に記しているとされ、これについて徳富蘇峰は、斉昭が幕府に対して差し出した封事の写しであろうとしている。(3)

しかし、この御沙汰書は、表面穏やかなものであり、幕府に注意を促したもののようであるが、朝廷が政治に対する御意思を明確に表明されたことであり、幕政に対し干渉された第一歩であったことに大きな意義がある。(4)

また、視点を変えれば、孝明天皇を中心とする朝廷の朝権恢復への強い御意志の高揚もあげられよう。孝明天皇は、勅諭発布後の翌四年三月九日、学習所の開校式を行われ、四月二十五日には参議野宮定祥を勅使として石清水八幡宮へ派遣され、特に外国船来航のことを以て四海静謐を祈願せられた。

学習所の開設は、早く光格天皇の御意思に発し、続く仁孝天皇が弘化二年十二月、大納言三条実万を学習所伝奏に任ぜられ、これから建築が開始されたものである。開講された学習所学則には、

履ミ二聖人ノ至道一ヲ　崇ブ二皇国之懿風一ヲ　不レバレ読マ二聖経一ヲ何ヲ以テ修メンレ身ヲ
不レバレ通ゼ二国典一ニ何ヲ以テ養ハンレ正ヲ　明弁之務行ヘレ之ヲ

とある。(5)ここには、公家一同の講学を奨励して意識の高揚に努め、朝権恢復の基盤をつくりあげようとされた強い御熱意を窺うことが出来よう。

なお、石清水臨時祭は、文化十年（一八一三）光格天皇の御代に再興されたものであるが、初めは天慶五年（九四二）平将門の乱の報賽として開始され、元寇の際にも朝廷が最も依拠された祭事であった。この石清水臨時祭を催行されたところに、孝明天皇の国家的危難に対する強い御決意を窺うことも出来よう。

しかし、幕府はこの朝廷側の重大な変化に気付くことがなかった。同年十月三日の所司代酒井忠義《ただあき》（小浜藩主）の上申書には、

異国船之儀、文化度之振合モ之有候ニ付、差支無レ之事柄ハ近来之模様粗申進候様ニハ相成間敷哉。(6)

とあって、「文化度之振合」に倣って今後も異国船の模様を知らせてくることは出来まいか、それによって叡慮を安んずることが出来ればと幕閣に伺っていることが分る。これを受けた幕閣も、十月三日付け武士上申書において「四月の英国船、仏国船の琉球への渡来。五月の仏国艦隊渡来及び通商要

求の件並びに仏国人、英国人医師夫妻、唐人残留のこと。閏五月、米国艦隊二隻にてビッドル提督浦賀に来航し大統領の親書を以て開国を要求したこと。六月には長崎へ仏国船三隻来航のこと」などを認めた上で、「文化度之振合ヲ以程能取計候様ニ」(7)と所司代に返答したに留まった。ここには、迫り来る外患に対する大きな認識の相違が表れているともいえよう。

ただし、ビッドル提督との交渉で、従来の慣例であった長崎での書簡授受を破って浦賀で大統領の親書を受取り、しかも幕府が諭書を授けたことは、幕府の外交方針が変りつつあることを示す重大なことであった。

註

(1)『孝明天皇紀』一「実万公手録」二五五頁〜二五六頁。
(2)『安政の大獄』(吉田常吉著) 吉川弘文館刊 五六頁。
(3) 拙稿『水戸史学』第三十三号、「海防勅諭と水戸烈公」。『近世日本国民史』30 一三頁。
(4) この海防勅諭の発布については、『岩波講座・日本史』近世5の中で、小野正雄氏が、朝廷による初の政治への容喙であり、この後、幕府も外交に関して上奏するようになった政局の転換機会であり、また幕政の主導権を得るために、朝廷を味方に付けようとの京都工作運動を生み出す可能性を開いたものであるとするなど、従来から注目されてはいたが、その背景に迫るものは少なかった。ところが、山口宗之氏が「幕末維新期の日本人」(『明治聖徳記念学会紀要』復刊第二号、名越時正氏のご教示) の中でその背景に触れ、孝明天皇御一人の積極的な御意志のみでなく、徳川斉昭が勧めて、斉昭の義兄に当たる関白鷹司政通がこれに賛同したことに依るであろうと推論し、弘化三年は、明治維新史の上に於いて相当吟味すべき年ではないかと指摘されている。

（5）・（6）・（7）『孝明天皇紀』第一　三一四頁。

八　奏聞の連続

その後、嘉永元年（一八四八）には米国・英国の船舶が陸奥・出羽・越後の沿岸に出没することが頻繁となり、翌二年には英国の軍艦が相模の浦賀・下田の間に入港して海岸を測量し、或いは上陸するなどの行動に出てきた。浦賀奉行戸田氏栄がこれらを制止するもその効果が無く、幕府は諸藩に命じて海防を厳重にする方略を講じさせた。更に嘉永二年（一八四九）十二月二十五日、幕府は天保の薪水給与令を改めて異国船に対する処置を厳重にするから沿海の警備を充実するようにと布告したが、翌三年正月四日にこれを奏上し、同時に前年閏四月の英国軍艦マリーナ号の暴状についても告げた。

このような状況から、朝廷では嘉永三年（一八五〇）十一月二十二日に、関白鷹司政通と武家伝奏坊城俊明を所司代内藤信親の元に遣わし、再度次のような海防の勅諭を伝えた。

異船之儀時々風聞有㆑之候処、其後静謐之趣相聞御安心被㆓思召㆒候、海岸防御之御手当厳重之由、被聞召及叡感被思召候、尤千万里之波濤ヲ隔テ容易ニ渡来ニ難相成儀ト被思召候得共、自然日本輿地之内島々上陸之夷人有之候而者、後患後案シ被思召候、勿論関東御行届御如才無之候ニ付、御安心被思召候御儀ニ候得共、猶々天下泰平神州之瑕瑾無之、庶民安堵之儀御沙汰共、毎々関白殿御伺被成候ニ付、其段無急度可申入置旨被命候事。(1)

即ち、日本国内の島々に上陸する夷人があっては、後患が測りがたいからなお海防に努めよとの朝命である。

老中阿部正弘は、ペリー来航についても同様の処置を取った。嘉永六年（一八五三）六月十五日に来航の旨を奏聞したが、この時所司代脇坂安宅は、

此度浦賀表へ北亜墨利加船四艘渡来候、右ハ深ク致心配候程之事ニモ至間敷候得共、近来度々近海へ異国船乗寄候儀ニ付、殊ニ寄候ハ、御国体ニ拘候儀有之間敷トモ難申候間、防禦筋之儀格別厳重ニ被仰出武邊之御備等有之事ニ候得共、於当地猶更彼是取沙汰モ可有之事ニ候間、右之趣御両卿へ御達置可申旨、年寄共ヨリ申越候事

六月

異国船渡来之儀御達申候上ハ被達叡聞候儀ニ可有之候、左候ハ、叡慮ニテ御祈禱被仰出候儀ニモ可有之哉、此儀ハ私心得ヲ以テ内々及御示談候事。(2)

と申入れて、朝廷からは異国船撃退の祈禱を仰せ出されるかと密かに期待していた。

これに対して、朝廷では正しく期待されたように七社七箇寺への祈禱を命じられた。幕府は、二十日には退帆の旨を所司代を通じて奏聞したが、これについても、所司代は武家伝奏に対して、

浦賀表へ渡来之異国船及二退帆一候儀御達申候ハ、、叡慮ニテ被二仰出一候御祈禱モ最早御沙汰止可レ被二仰出一哉ニモ候得共、異国船調伏之儀ハ御先蹤モ有レ之事ニ候得ハ、退帆之有無ニ不レ拘、神国之光輝彌相顕候様有レ之度事ニ候、此段御両卿へ及二御示談一候様年寄共ヨリ申越候事。(3)

とあるように、異国船調伏については前例もあることから、退帆の有無にかかわらず神国の光輝がいよいよ顕れるよう、祈禱を続けられるようにと申入れた。当時、朝廷では十七日間の祈禱を継続中であり、これを中止することなく続行する旨の返答が幕府になされた。

また七月十二日には国書の翻訳文を進奏し、十三日には国書を受理したのは一時の方便であることも奏聞した。この時鷹司政通は、

十三日参内、昨日到来武家書取並書翰和解写二冊入二叡覧一付、議奏橋本小時猶可レ被レ遂二御覧一被レ示了。今朝自二殿下一賜レ書云

昨夜ハ従二所司代一今度浦賀渡来之書翰之写荒涼披見候、早々写之上可レ在二披露一歟ト存候。昨夜倩往昔ヲ勘ニ、毎度呈書他邦国史ニテ所見候、弘安元世祖通路之親呈書有レ之候得共、不レ及二返報一使節モ殺害、後年発怒元軍艦来二平戸海一、勘中記ニ書記文治以来之例、難船ニテ破舟、太宰府牒状有レ之併荒涼也。其後元史船来事分明、慶長以来ニテハ正保二年明鄭芝龍援兵呈書正京皇帝ニ

通上二将軍一、長崎王是迄奏聞之事不二傳承一林氏作華夷變態ト申書ニ委敷所見候。尚勘考為二存知一之分申入候事、尚又面上萬萬御示談可レ申候事。(4)

と記して、正保の明末援師請求の件は幕府独自の判断で処置し、奏聞には及ばなかったと時勢の変化に驚きを表している。

更に鷹司政通は、三条実万に対して、

一件所置ハ当時関東商量之間、於二朝廷一不レ能二左右一歟、但関東評議今度所レ乞之事有二許容一歟、又無二承引一歟、其次第如何。(5)

と述べて、外交一件は全く関東（幕府）の判断の権限であり、米国の要求について応諾を判断することは出来ないとの立場を取っていた。

続いて七月十八日にはロシア使節プチャーチンの艦隊が長崎に入港するが、これについても八月十七日に奏聞し、同国国書の訳文をも進奏したのである。これらは全て新例のことであることに注目しなければならない。

嘉永六年（一八五三）六月二十二日将軍家慶が歿し、十月二十三日世子家定が十三代将軍になった。武家伝奏三条実万・坊城俊明が勅使として江戸に下り、将軍の宣旨を伝達することになったが、この時関白鷹司政通は、実万らに対して人心動揺を防ぐようとの内諭を幕府に伝えることを命じた。翌安政元年（一八五四）正月のペリー再来についても、その事実と人心平穏の旨を朝廷に奏聞した。

このようにして、幕府は外交についてはことごとく朝廷に奏聞するにいたった。これは、この時期においては、もはや幕府は朝廷の意向を無視することは出来ず、政策についてもその意向を伺って進めるという状態になっていたことを示すものである。対して朝廷は、いよいよ幕府への勅諭（要望・意見）を下すようになっていく。弘化期の海防勅諭の意義は益々大きくなっていったのである。

註

（1）『岩倉公実記』上巻「海防の勅諭を再度幕府に給ふこと」六七頁～六八頁。
（2）『孝明天皇紀』二巻　一一二頁。
（3）同右　一一三頁。
（4）・（5）同右　一一三頁～一一四頁。

おわりに

水戸藩は、光圀以来の庭訓である遺訓を守り尊王精神を継承してきた。殊に外患が問題となってきた斉昭以後、一層京都との結び付きを強めたことは、政治に対する朝廷の意識高揚をもたらすこととなった。

朝廷に於いても、幕府の厳しい抑圧政策の中にあっても、後鳥羽上皇を祀る水無瀬御法楽の継承などに表れるように、朝権恢復の努力が為されてきた。

これらが、頻発する異国船の到来に対する憂慮の中で強い国家意識の台頭となり、表面化したものが海防勅諭であった。しかも、このことがその後の幕府に大きな影響を与えた。即ち、大事に関しては幕府から諸大名への意見聴取となり朝廷への奏上となり、やがては幕政への勅許問題へと発展していくのである。それだけに、この海防勅諭の背景は重要視されなければならないと思うのである。

また、この朝廷の政治上への表面化は、一般領民にとっては全くの突然ではなく、長い幕藩体制下にあっても、領民には「御用留」を通して朝廷の存在は知らされていたのである。この事実を認識することによって、当時の尊王運動の民間への広がりの背景の一端も理解することが出来よう。かかる意味からも、斉昭の動きや水戸藩領民への布達は注目すべきものである。

附記一　朝廷と民衆（『日本の近世』2「国政に対する朝廷の存在」から略述する）

朝廷に於ける王政復古の動きに対して、一般民衆は朝廷にどのような関心が見られたであろうか。領民が朝廷の存在を知っていたことは、先にあげた「御用留」の記載で知ることが出来るが、領民の朝廷に対する行動は、全国的に凶作が続いた天明の大飢饉の際に現れた。

天明七年（一七八七）六月初旬より京都御所の築地を取り巻き、千度参りする大勢の姿が約二ヵ月ほ

ど見ることが出来た。（『落穂集』国立公文書館内閣文庫蔵）

当月七日頃、何より申し出候儀に御座候哉、禁裏御所へ御千度参り初まり、最初百人ばかりも参る由、それより日毎に増長し、京都中は申すに及ばず近在より参詣、老若男女貴賤の論なく毎日参詣、誠に布引きに御座候、南門・唐門散銭四十貫文余り毎日御座候由、尤もその内十二銅包み紙に色々願書共訴えも御座候由、（中略）右御影故か、それより天気も宜しく豊作の印と申し、愈信心相増し、参詣も群集仕り候、右の通り参詣七日にも相成り候へば、御評定に相掛かり候儀に御座候との噂に御座候、誠に餘国は家々打潰しの騒動御座候処、京都は打つて替り候御千度は京中の御悦に御座候、これ迄奉行所へ数度願書差出し候へども、一つも御憐愍の筋も御座無く候、町中も了簡を替え、禁裏へ直に御訴訟申し上げ候道理云々。

この千度参りの人数はおよそ三万人にも及び、地域は京都・大坂・近江・河内に広がり、まさに幕末に起きた伊勢御蔭参りを想い起こさせるものであった。

これより先に、領民が幕府に代って朝廷に救済を求めた例は、延享二年（一七四五）に摂津・河内の天領農民が勘定奉行神尾春央の年貢増徴策に反対し代官所・京都町奉行・京都所司代に訴えても埒が明かないことから朝廷に訴えた事件があった。（森杉夫「神尾若狭の増徴をめぐって」大阪府立大学『歴史研究』九号）

さらに、天明七年に流布したものとされている次の勅書（『日本経済叢書』第十五巻「落葉集」）は重大な意味がある。

米穀高価一統
困窮落二塗炭一
不レ安二
宸襟一被二　思召一之間
万民安堵之可成
懐を様可二　取計一
関白殿被レ　命に付
執達依而如レ件
月日　　両伝奏
老中衆

内容は、飢饉による米価高騰で領民が生活難に陥っている事態を天皇が憂慮しているので、適切な対策を講じるようにとの関白鷹司輔平の命令を武家伝奏が老中に伝えたものである。この史料について、藤田覚氏は「この勅書の真偽は不詳だが、たとへ偽文書であったとしても、民衆救済を朝廷が幕府に命じることを期待した民衆の願望が込められたものであり、当時の民衆の意識を窺うことのできる重要な史料である」と指摘している。（三一六頁）

続いて藤田氏は、天明七年（一七八七）六月、武家伝奏油小路隆前が光格天皇の「多数の餓死者が出ている状況から、朝廷が施し米を配ることが出来ないか、幕府が米を配って救済することは出来ないか」との御意向を受けて所司代に申入れ、所司代は老中に救済方を掛合っていることを油小路の日記から裏付けている。この結果、所司代は老中とも相談の上、救い米千石の放出を決定し、八月五日に朝廷に報告しているのである。これは、朝廷が要請した飢人救済に幕府が従ったことであり、朝幕関係からいって重大な変化であった。しかもこの飢人救済が先例になったことは、天保の大飢饉の天保八年（一八三七）四月九日に武家伝奏日野資愛が「世上困窮につき施行などこれあるべきや、天明七年の例に任せ、所司代に示談すべき教命（関白鷹司政通の命令）書取、猶御意をうべく申入れおわんぬ」（『日野資愛公武御用日記』内閣文庫蔵）と記していることから明らかである。この時も、所司代は四月二十三日その救済措置を詳細に記して朝廷に報告したのであり、幕府の政務について朝廷が申入れをするという先例は既に出来上がっていたのである。

附記二　文化度の奏上（『日本の近世』2、『近世日本国民史』25に基づいて略述）

この奏上については、武家伝奏広橋伊光《これみつ》の日記『伊光記』（東大史料編纂所）文化四年（一八〇七）六月二十九日と七月三日の条に、

一　蝦夷騒動の聞こえこれあり候、格別の儀にこれ無く候へども、風聞もこれあるべし、心得の

ため申し達すべき哉の旨、播磨守（所司代阿部正由）申す旨、筑前守（禁裏付池田政貞）これを申す、申し聞けられ然るべく答へ候ところ、一紙差出す、

一　蝦夷魯西亜船一件心得のため申し越す、殿下（関白）へ内々申入れ候。

とある。この背景として、「北方からの警鐘とその対応」について述べておく。

享保十七年（一七三二）ロシア人シュスコタフが初めて樺太へ入り、宝暦八年（一七五八）松前藩が初めてロシア人の千島南下を知った。安永七年（一七七八）にはロシア船が蝦夷地に来航し、通商を要求するに至った。これ以後、オランダ商館長カピタンからの通報もあって、蝦夷地方への探検が始まった。天明六年（一七八六）、最上徳内がエトロフ・ウルップを踏査し、仙台の林子平は『海国兵談』を著わして海防を訴えた。翌七年には水戸藩の儒者立原翠軒が老中松平定信にロシアの南下を警告したが、翌々年寛政元年（一七八九）にはクナシリにおいてアイヌの反乱が起こった。水戸藩では、藤田幽谷が上州太田の高山彦九郎からロシア南下の予想を聞いて北方への警戒、海防への決意を固めた時である。この頃、藤田幽谷の友人であった常陸太田の医師高野昌碩は、奥州人からの話しを元に『蝦夷談』を著わし、更に水府村の学友木村謙次に蝦夷の危機を訴えた。謙次が師立原翠軒に蝦夷派遣を訴えたのはこの時寛政三年（一七九一）である。翌四年（一七九二）ロシアの使節ラクスマンが大黒屋幸太夫を伴って根室に来航し通商を求めた。幕府は、通商の希望があれば長崎にて交渉すべしと信牌を与えて諭告し、老中松平定信は伊豆・相模の沿岸を巡視して海防の強化に努めた。この報に接した水戸

藩では、立原翠軒が藩主徳川治保に北方警戒を進言し、定信にも意見を具申した。翠軒も、遂に蝦夷派遣を決意し、木村謙次と勝倉村庄屋武石民蔵にそれを命じた。これが、寛政十年（一七九八）に幕府が探検を命じた近藤重蔵・最上徳内・木村謙次らの千島諸島探査となるのである。寛政九年には、藤田幽谷が約七千字に及ぶ大封事『丁巳封事』を藩主治保に上呈し「北溟の黠虜《かつりょ》は神州を窺窬し、常に図南の志あり」とロシアへの警戒を警鐘したが、不敬の罪を以て処罰されていた。幕府も、事の重大さを認識し、寛政十一年には東蝦夷地を直轄地として警営の責任を明らかにした。

このような状況の中で文化元年（一八〇四）九月、自ら漁業会社を経営し、アレキサンダー二世の文事秘書官でもあったレザノフが国書を持って長崎に来航した。先のラクスマンの得た好感触から実行されたもので、ラクスマンが幕府から与えられた信牌を持参し、訪問場所も、交渉方法も正式な通商要求であったが幕府はこれを拒否し、信牌を取り上げ「再度者致す間敷」と堅く諭旨して帰帆させた。これから、レザノフの報復が始まったのである。

文化三年九月レザノフの部下ヴォストフ・ダヴィトフらが樺太を襲った。『休光明記』（『国民史』25二〇三頁）には、

文化三丙寅年九月上旬、露西亜船、蝦夷地カラフト島に渡来しクシュンコタンに上陸し、乱暴に及び、会所番人四人を捕へゆき、倉廩《そうりん》の穀物を奪ひ、会所其外悉く焼払ひて、同所に蛮書を鐫《えり》たる銅板、及び紙札等を置き、十月初旬出帆、同四丁卯年三月三十一日、また同島に近付きし旨、同

年四月十日、松前若狭守章廣が家人より、函館奉行所、及び江戸に注進し、章廣より人数を出す。十一日其よし奉行江戸に注進し、且南部・津軽両氏の人数を招き、乱暴の始末書、同十八日また江戸に注進す。

とある。これが一度目である。更に文化四丁卯年四月二十九日、

異賊またエトロフ島シヤナに上陸して、会所に鉄砲を内掛け、乱暴に及ぶ。よつて函館奉行支配の士及び南部・津軽両氏の人数防戦し、異人を撃取るといへども、防ぎ難くして、同島ルベツの方に遁れ、遂に函館に退く。かれ五月朔日より二日に及び、米酒などを奪ひ、本船に積いれ、處々放火して、同三日出帆す。此とき函館奉行支配調役下役元締戸田又太夫、かの地山中にて自盡す。南部氏家人大村治五平は、遁れんとして異人に捕はる。（『通航一覧』）

文化四丁卯六月七日、去秋露西亜人カラフト島及びエトロフ島にて、捕へ行し番人の内八人、リイシリ島よりソウヤに送り返し、書状を齎らし来る。其書、通商を請ひ、若し許容なきに於ては、来春大軍を発すべし。猶対談の為め、ソウヤに参るべしとの趣意なり。時にソウヤ詰函館奉行支配調役並深山宇平太より相当の答をなし、具に函館に注進し、同所詰津軽氏家人に、かれ扱方且備の事等を達す。よて夫々より江戸に注進あり。（『通航一覧』）

とあるように、ロシア人の騒擾は続いた。これらの一件が、如何に幕府に衝撃を与えたかは想像に余りある。幕府は、五月から六月にかけて庄内・仙台・秋田の各藩に蝦夷地警護を命じ、十一月には会

津にも命じた。十月二十五日には函館奉行を松前奉行と改称し、役所を函館より松前に移した。これによって、蝦夷地は完全に幕府の直轄となったのである。

これら蝦夷地の騒擾は、江戸でも専らの噂となり、京都でも不吉な言葉が入った歌が流行したという。函館からの書状には、日本開闢以来外国との戦争での初の敗北であり、日本国の大恥であると記されるなど、幕府批判の言動も現れた。更には、ロシア軍は、既に東北地方にまで侵入したとの悲観的な噂まで流れ、国中に深刻な危機感が生まれていた。江戸に居てこれらの報に接した下野の蒲生君平は、憤然として水戸に至り藤田幽谷を訪いて大いに時局を痛論し「方《まさ》に辺警有るを聞き、又何ぞ慷慨悲憤以て国を憂へざらんや、當に身を殺し、以て萬が一にも報ゆべし」（『不恤緯』序文）とて『不恤緯』を著わして幕閣に上呈したのもこの時である。藤田幽谷もまた翌文化五年（一八〇八）元旦の詩で「宇大の至尊天日の嗣、須らく万国をして皇朝を仰がしむべし」と主張し、幽谷の攘夷思想の一大発展の機ともなったのである。

このように、いわば天下を挙げての危機感をもたらしたロシアの蝦夷地周辺の暴動は、幕府にとっても大きな衝撃であり、ついにこれを幕府のみの対応ではなく、朝廷に報告するに至ったのである。先に挙げた武家伝奏広橋伊光の日記『伊光記』の文化四年（一八〇七）六月二十九日と七月三日の条がそれである。これは、「享保・文化の蝦夷地事件にせよ、英吉利・露西亜等より使節渡来の時にせよ、曽て一度も京都へ報上したる事なし。然るを此度に限り、所司代より轉奏へ申達し、奏聞に及ばせたるは何ぞや」（『幕府衰亡論』）と、ペリー来航を奏上したことを批判した福地源一郎も気付かなかったことであった。

なお、「文化元年（一八〇四）十月、是月林衡ら外国処分の次第を朝廷に奉告する」とある。（『日本歴史大辞典』「日本歴史年表」河出書房）実際にはどのような内容であるかは定かではない。『続徳川実紀』第一編の文化元年十月六日の条には、寺社奉行脇坂淡路守安董、大目付井上美濃守利恭、勘定奉行柳生主膳正久通、中川飛騨守忠英、勘定吟味役村垣左大夫定行、目付松平伊織康英、土屋帯刀直廉らとともに「儒臣林大学頭衡、朝鮮人来聘の事奉はるべしと命ぜらる」とあって、朝鮮人の来聘に関して「奉はるべし」と命じられている。両者の関連の有無については定かではないが、この時点において外国処分についても朝廷に報告していることも事実である。

第二章　水戸藩主と領民

一　義公・烈公と領民（講演録）

はじめに

今年は、義公光圀歿後三百年、烈公斉昭生誕二百年という記念の年に当たります。江戸時代が安定期に入りましたいわば平時に、道義・道徳の確立をその根本に据えられて藩政にあたられたのが義公。逆に烈公は、内憂外患交々至った乱世の舵取りに当たられた藩主といえるかと思います。そこで、この講座でもこれを記念し、義公・烈公から学ぶものとのテーマを掲げて、二公から教えを受けてまいりたいと思います。本日は、その第一回目としまして、「義公・烈公と領民」と題しました。二公が領民に対してどのような姿勢で臨み、また実際にいかなる政策を実践されていったかを確認しながら、今日問われ続けている諸問題の解決へのヒントを学んで参りたいと思います。

一　水戸藩主の姿勢

そもそも、江戸時代の幕藩体制において大切なことは、幕府と藩、また藩主と領民との間に人格的信頼関係の存することであったと思います。これについて、義公・烈公に限らず水戸藩の藩主達は、領民に対してどのような姿勢で臨んでいたかを観て参ります。まず、義公の当時、農民への年貢高を決定する方法として検見法を用いておりました。それは、直接その土地に入って収穫高を確認することでありましたが、それには藩の役人を派遣するのが通例でありました。しかし義公は、「必ず農民が自分達に有利なように申告してくるに違いない」と、多くの役人が反対する中にあって、それを農民自らに当たらせました。農民達は、大いに感激して素直に上納したのです。これを聞いた他藩の百姓達は、「自分達も水戸藩の百姓であったなら、そのような恩恵にあずかったものを、まことに残念なことである。」と羨ましがったと言われております。（『玄桐筆記』）

四代宗堯（成公）は、「国を保ち、人の上に立つ者は、その国の領民や役人がおのおのその所を得ることを以て職分とする。則ち、藩主たる者は、各人がそれぞれに働く場所を得て、その力を発揮することが出来るようにすることに努めなければならない。自分は、その誠心をもって家臣・領民に及ぼし、彼らの好むところを好み、嫌うところを悪《にく》まばおそらくは当たらずと雖も遠からんと思う。もし、一人でもその所を得られない者があれば、その罪は皆吾れ一人にある。このような思いで、常に一事を命じ、一言を令するにも、まず自分から反芻してその事を出すのである。」（『水戸紀年』）と常に語っておりました。成公は、二十六歳の若さで急逝しましたが、義公の再生とまで称えられた藩主であり、その急逝は誠に惜しまれたものでありました。

九代斉昭（烈公）は、襲藩間もない頃、経済不況・凶荒連続の藩情の中にあって、「いかにすれば、国中一統それぞれその所を得、安穏に立ち行く様になろうか。」と日夜憂慮しておりました。農人形を鋳て食前に供へ、「朝な夕な飯喰ふごとに忘れじな恵まぬ民に恵まるる身は」と唱え、農民に感謝することを常とされたことは皆さんご承知の通りです。また、藩政の急務としては「検地・学校・家臣の総交代」という内憂問題と、（武士の）「土着」則ち海防・国家存立に備える外患問題とでありました。常に、国家が安泰であるように、国民が平穏に生活できるようにと心懸けておりました。

これらは皆、当時の藩主達が「愛民」、民を愛することを理想としていたことを示していると同時に、それの実現に苦慮されていたことをも示しているといってよいでしょう。この理想は、慶応四年（一八六八）三月の五箇条の御誓文とともに示された明治天皇の御宸翰に「今般朝政一新の時に膺り、天下億兆一人も其の所を得ざる時は、皆朕が罪なれば云々」とあるように、御歴代陛下の御理想でもあられたことはもちろんでありました。

また、具体的な藩政の方針は、寛政三年（一七九一）五月、六代藩主治保（文公）が、直接領民と接する郡奉行に与えた次の文書に見ることができます。則ち、郡奉行の心構えや、当面する課題とその解決への精励とを手書して与えたものであります。要約して参ります。

君は民の父母であるから、どうか百姓共が困窮しないように努めなければとかねがね思ってきた。しかし、自分一人がいかにそのように思ってみても、其の方達が自分の心を受けて民政に当たってくれなければ、その思いを実現することは出来ない。

また、一方で、其の方達が我等が意を受け、手厚く取扱いたいものだと心を尽くしても、役所の下級役人達がよくその意味を飲み込んで、百姓達に接する姿勢が、あたかも自分の家のことを思うように身を入れて心を尽くさなければ、広くその愛民の心が行き渡ることは決して出来ない。下級役人達は、身分は軽いものであるが、大切な政事に拘わるものである。であるから、まず清廉を根本とし、賄賂等を取り受けることなど決して無いように、世俗にいう山師などと云う者を近づけず、目前の小利を考え、上の益のみに泥み、後世の障りになるような目論をいたさず、領域全体が礼儀に厚く、心を尽くして、育子のことや荒れ地を切り起こし、用水を引くことなどに専心し、生活の仕方全般にわたって質朴にし精励させることが肝要である。(『水戸紀年』)

ここには、藩主は、常に「民の父母である」との理念を持ち、民を慈しむ心を忘れずにと心を砕き、家臣にも、この「清廉・質朴」の精神を忘れず、風儀を正し、育子・開発等民政に尽力することを求めたことが明らかであります。

これについては、義公の精神を継承した藤田幽谷が、『正名論』の中で、「君臣の名分を正す」ことを国家改革の根本とされております。それでなければ、尊卑位を易えて礼儀を欠き、貴賤おのおのその職分を尽くす所を失い、強者は弱者を凌いで省ることなく、多数者は少数者を無視して横暴を働き、ついには国家は破滅するであろうと喝破され、まずは「国家」の在り体（君主国家であること）を確認することが大切であると述べております。

また、『安民論』の中では、君たる者（今、これを政治家としてみるとよいでしょう）則ち国家をあずかる者は、国民の生活を安定させることが最も重要な使命である。それがかなえば、国民は君を敬い、その君に親しむのである。であるから、君は国民すべてを我が子同様に思うことである。その赤子が一人でもその所を失えば、父母たる者は少しの間もこれを座視することは出来ないであろう。政治の掌に当たる者には、この「少しでも人の痛みを思いやる」という**惻隠の情**（これが仁のひとつであります）が求められるのであり、最も心がけなければならないことであると指摘しております。何れも、あるべき国家観を示し、政治家論を展開したものであると思います。

さらに云えば、この国民生活安泰の前提として、その国家が存立していることは当然なことであります。寛政四年（一七九二）のロシア使節ラクスマンの根室来航に脅威を感じ、「天下の憂ひ、何れかこれより甚だしからん、これ強兵の良機にして失ふべからざるなり」と藩主文公に建白され、天下の人々に対外危機を訴えられました。その後、文政七年（一八二四）五月二十八日には、水戸藩大津浜に異人上陸という大変事が起こり、幽谷は、その子東湖に「無断上陸の異人は斬れ」と必死の覚悟を命じられ、一族あげて、国家の危機に対処しようとされたこと、これまた皆様ご承知のことでございます。

二　義公（光圀）と領民

次に、義公と領民との関係について、主に『水戸紀年』の記事から年次を追って見て参りましょう。『水戸紀年』は、水戸藩の学者であり郡奉行を務めた石川慎斎が文政九年（一八二六）から十年にかけて編集した水戸藩の貴重な藩政記録であります。

寛文二年（一六六二）九月には、

一　諸法令二十七条及び士家婚儀、諸饗宴の制十三條を命ぜらる。また頻年士農の窘窮《きんきゅう》を察したまひ節倹質素の制令を執政の臣及び諸物頭、町奉行、郡奉行に命ぜらる。また、士庶の法令を定め、風儀を正し、諸有司政事に惰るべからざる旨、厳に命ぜらる。全て七條なり。その意甚だ丁寧懇切なり。

とあります。「窘窮《きんきゅう》」は「苦しみ窮まる」という意味です。経済安定の基本として「質素倹約」を訴え、「風儀を正し、勤勉を奨励」したものです。これについては『西山遺聞』にも次のように記されています。

西山公常に宣へらく、天下国家の主より士庶人に至るまで、倹約を第一の徳とす。今や天下久しく治まりて、人々おぼえ知らず、衣服・馬鞍・腰刀のかざり、諸々の器物・食物・家造に及ぶまで、男女共に奢侈に趨きたるゆゑに、その国用・家費たらず。是れ併しながら、上たる人の心を用ゐられず、ただ栄華にのみ習ひ暮らし給ふより、その風俗自づから下に及べり。剰へ諂ひの進献に美を尽し、猶其執事・近習の輩に至るまでも、各美物を与へて、お髭の塵を払ふ、此風一たび行はれて、後々は天下の窮困となれり、況や土木を好み給ふ代には、諸国の手伝を借り給ふ故に、国主万金を費す。国主苦む故に、其士農工商を虐げて一国の困窮となれり。治平久しければ、何れの世もこれなり。舜禹の徳を慕ふ迄こそあらざらめ。せめて漢の文帝の節倹にましませし故に、天下豊かに人々その所を得て安堵の思をなせし時を、人主は目当にして身持を慎むべき事也。士・庶人のせばき家の内とても、程々にしたがひて倹約を守れば、親類友達を助けやすく、子孫に芸術教ふるもまどしからず。但し、節倹と吝嗇と紛るるものなり。この間をよくよく弁ふべし。吝嗇なれば、上たる人には諸人なづかず、下たるものも親族朋友むつましからずして、人倫の義理を欠く事のみなり。

この「節倹」については、義公が家臣や領民にだけ強いたものではなく、義公自らも実践されたところです。『桃源遺事』の中で、尾張公が証人になっております。ある時尾張公が義公に招かれて懇談したが、その居間は美麗の想像に反して至極粗末な普請で部屋も狭く、天井や壁は反故紙で貼られていた。中には自分の出した手紙もあった。接待の女中は、化粧もなく粗末な着物であった。我が藩では、よくよく下の女中にもいないほどの者であった。自らの夏冬の衣服、朝夕のお膳も質素なものであったと驚嘆し、教訓として家臣に申し聞かせたと。

つぎに同じ寛文三年の十二月、

執政の臣に謂て曰く、夫れ諸有司威強く、権を専らにすれば下情通ぜず、政教行はれず、生民を侵害することこれより大なるはなし。卑賤至愚の言をも熟察すべし。政理の得失弊風、吏人は論なし。凡そ士人たるもの意見あらば上聞すべし。言路閉塞実に懼るべし。汝等諸有司、謹んで此の言を忘るべからず。

とあります。これから述べて参ります義公に関する事柄の背景は、これらの姿勢にあろうかと思います。

寛文三年十一月十五日の条には、以下数ヶ条が載っております。

一　親しく中山信正が家に臨んで七十の初度を賀し玉ふ。机杖及び銘を作りて賜ふ。世、久しく養老の礼廃したるが、またこの時より行はる。

とあります。付家老中山信正の古希の祝いです。今で云う高齢者福祉でありましょうか。

一　今年、下町清水道成る。平賀勘衛門秀保奉行たり。三宅十衛門繁正添役たり。笠原澗泉より府下十町目まで路程凡そ二千九百五十八間五尺一寸、また曰く水道凡そ三千七百九十有五歩。その雇役二万五千三百六十人。また曰く用夫二万六千人、費金五百五十餘両なりとぞ。（寛文

九年四月、柵町成る）

これは、ご承知のように、飲料水不足に苦しむ下市の町民のために笠原水道を設けたことです。小田原の早川上水、江戸神田上水などに次いで日本で十八番目の上水道です。平賀は元佐倉藩堀田家の家人で数理・天文・地理に明るい人物。頼房公に仕えて郡奉行になります。三宅も郡奉行を務めた人物。笠原は不動尊を祀った所、頼房公時代から木々の枝葉まで折ることを厳禁したことから、水源の涵養に役立った所です。現在の環境問題を考える上でも、貴重な存在です。平賀は、この笠原不動尊に一昼夜参籠して、水源地と定めたと云われています。現在、種々の問題を起こしつつある事業関係者が続出しておりますが、その掌に当たる者の範としたいところです。

次は、寛文八年十二月の記録です。

南領小鶴川、小堤村弾正谷より紅葉村まで新に田野を穿つ。船路を通し、米粟諸品を運輸せんとす。都下僥倖の者数人、来てこれを官に請ふ、許さる。神谷津ほりきり人夫四十八万六千百四十二人まえ。谷津より紅葉まで通計三千四百三十三間なり。高さ九丈五尺より四丈九尺に至る。海水より紅葉川の水二丈二尺三寸高しと云ふ。この時郡奉行平賀勘十郎なり、遂に成らず。

これも公共事業で、やがて松並勘十郎による「勘十郎堀」で有名になる運河開削の先駆をなすものです。江戸は本小田原町の佃九郎兵衛、浅草天王町の花嶋屋らの嘆願があり、流通経路を整備して庶民の生活向上の一助にしようとしたものでした。当時、仙台藩や相馬藩など東海海運の奥州船の荷物は、海難を避けるために那珂湊から涸沼経由で北浦・霞ヶ浦へ、更に利根川を関宿まで遡って江戸川に入り、江戸への内川廻りを取っていました。これによって、海老沢津役所や小川運送方役所が置かれ繁盛することになるわけですが、小鶴川と巴川を結び、海老沢から下吉影までの陸送を舟運として輸送の便を図ろうとしたものでした。平賀勘衛門が関係し、雄大な計画でしたが、地理的・地質的に無理があったようです。

延宝元年（一六七三）八月には、義公の水戸帰国の一例があります。

今秋、公北領を巡検したまふ。八月二十三日勿来の関、入四間。二十九日金砂山。九月三日八溝山。四日鷲子。七日那珂舟行にて帰らる。十月笠原山田猟、卒伍山を囲みて狩る。

義公は、藩主時代三十年間で十一回帰国していますが、これは五回目で四十六歳の時で翌二年五月には江戸へ戻っています。遠路しかも山岳地域を精力的に巡検している姿が浮かんでまいります。

この在国中の延宝二年（一六七四）には行方の玉造村を訪ねています。

玉造村浜と云ふところの孝子弥作に公自ら金一掬を賜て曰く、「これ汝が至孝を感じて天の与るところなり」と。且つ儒臣に命じて其の伝を作らしむ。

弥作は、夫婦で足腰の不自由な老母を世話していましたが、やがて妻も病気となり、これを実家に返して、愚直にも一人老母を世話しながら請け作を続けていました。義公これを聞いて助成、それによって田畠を購入し独立したのです。伝記は中村顧言が著し、文政五年（一八二二）に藩留守居物頭小宮山楓軒が墓標を記し、明治になって『幼学綱要』の「孝行」の例として採用されました。旧玉造町（行方市）内東福寺境内に銅像が建っています。

　このような例は沢山あります。元禄四年（一六九一）十一月、義公隠居後のことですが

　山方村武次衛門、父母に篤行、兄に事て善く悌なり。西山公白銀若干を賜て賞せられ、また儒臣に命じて其の伝を作らしむ。この事、封内の諸民に知らしめ、門々戸々弥益し、孝弟忠信を宗とし、五倫を正し、人道を守るべき旨、町奉行・郡奉行諸民に触れさとす。

とあります。武次衛門が父母に懇切に孝行を尽くし、盲目の兄を養い、結婚後も夫婦揃って孝養を尽くす姿に、母も目の不自由な兄も、人に対するたびに真っ先に夫婦の孝行を語りだし、涙を流して喜んだとのこと。北領巡行の際に立ち寄って称美があり、後に綱條公も金銀若干を下されております。

　また、元禄三年（一六九〇）三月には、

　疲癃《りゅう》残嫉・貧困・単煢《たんけい》及び歳八十以上の民を賑て凍餒《とうだい》なからしむ。また、凶年の備に雑穀を蓄はへさせ、豊稔といへども鰥寡孤独・老廃無告ものには雑穀を給して賑済し給ふ。今に至るまで一々その制に従ふ。また、病馬を養ふことあたはざるものには芻豆を給す。また、府下の倉廩《そうりん》、もし炎にかからば士民の食極て乏かるべしとて、府下側近の村里に穀倉を置きて蓄ふ。また、去年今年、郡官の検見を罷めて、村里の長たるものをして自ら検見をなさしむ。

ともあります。これも、高齢者福祉を含むものです。

今日、高齢者への介護保険制度がスタートしましたが、本来の「福祉」の在り方とは如何なるものであるのか、法律の裏付けがなり、職務としての介護となりますと、そこに義務的・形式的・利欲的な面も現れます。今後の重要な問題としてお互い考えてまいりたいものです。

延宝六年（一六七八）には、

夫人をして後楽園に遊ばしめ、田を墾て耕し、また糸を繰り木綿を織らしめ、耕織の艱苦を観せたまふ。

とあります。夫人に領民の艱難辛苦を知らしめることですが、これについては、『桃源遺事』に綱條夫人季姫に同様の経験をさせていますし、『西山遺聞』には、女中に松の草村（常陸大宮市）の小川で、寒中の川に入って紙を漉く様を見せて、紙を大切にする心を育てております。

同七年二月には、

封内南方の山村猪鹿多く、田園を損す。去年軽率三十人、また今春二十三人を出して銃を放て防がしむ。

近年、士家頻りに貧困す。これ内外無用の雑多多きが故なり。今より厳に節倹を守り、風儀を改め正すべき旨、婚葬等省略十五條を命ぜらる。

とあります。農民のためを思い、また節倹を勧めたものです。

元禄二年（一六八九）六月には、藩主として最後の就藩となります。

一　南・武茂の二郡と松岡・太田二郡との田作り検見邪正異同有りて一定せず。諸有司に命じて建議せしむ。公英断したまひ、南・武茂を正法として自今一法に改め給ふ。（八月）

一　今年、郡宰に謂てのたまはく。近年境内の民大いに窮して生を安んぜざる者ありや。租税軽重を失するや、詔獄の断決公ならざることありや。凡そ政事の得失利害詳に議して上言すべし。……時に郡宰皆奉答して「郡邑無事静謐一條の悪弊なし」といふ。公聞きて大いに怒り給ひ、「汝等職を奉ずる甚だ緩怠等閑なり。予が指揮のみを待ちて、問へども猶一同の是非を論ぜず。郡邑の広き、人民の衆き、何ぞ一條の過失弊風なきことをえんや。官に臨んで無状これより甚だしきことはなし」と、大いに譴責し玉へり。

一　士家拝借金今より五年、元利返納を許す。農商拝借も一割の息になしたまふ。然るに富有の農賈、かし金高利を貪る。貧なる者益々貧に、富むる者は益々富みて有餘、不足を補ふの意にあらず。宜しく公の意を体して民間の貸金も自今一割の息を定めとすべし、令あり。

一　凡そ執政大夫、評定所に出て政務を決し、是非曲直分明に裁断あるべし。土地人民のことは勿論、政事細大となく、百事稽滞あるべからず。自分月番の順次を置て、脱漏遺忘なからしむべしと命ぜらる。

一　境内分付山銭、野山銭、甲乙差ありて平均ならず。また薬品・薬実の類を民に命じて采用す。頗る民力を費労す。自今これを止む。また弁金は元金を入れて息はゆるすべし。また、海魚を官に納るも民間通用の値を以て銭を賜ふべし。その他、紙漉・官米運送・土地肥瘦・畝歩広狭各免、用捨免等のこと数條を命ぜらる。これ皆、仁恩の至りなり。下民、此の意を奉じて徳沢を感戴し、生業に怠ることなかれとなり。

検見・課税の適正化・役人の領民への公平な執行と職務への精励・諸物への適切な価格決定などでありますが、これらは皆領民への愛情から来るものであります。

義公のこのような優しさは、どこから来るものであるかといいますと、次にあります貞享元年（一六八四）八月の出来事に、その一端を見ることができると思います。

大老堀田正俊と稲葉正休傷害事件。堀田邸、諸侯奔走してその傷を問ふもの門前市の如し、義公ひとり諸公族を率て正休邸に至て問玉ふこと甚だ懇切なり。公の常に強を抑へ弱を憫み給ふことすべて此の類なり。（綱吉の生類憐れみに対して、幕府執政に語りて曰く）今や生育の仁鳥獣に及ぶ、甚だ美事なり、然れども人も罪有れば殺す、況や鳥獣をや。余が近隣の犬、我が厨房に入りて肉を盗む。余命じてその犬を殺さしむ。卿等よく思ふべしと。

これは、美濃青野藩主で若年寄の稲葉正休が、将軍の命を受けて従兄弟でもあった大老堀田正俊に辞職を勧めに行ったが、逆に老中大久保忠朝に殺害されたものとされている事件です。生類憐れみの令を批判したことと併せて、権勢におもねらず、正理のある弱者に味方しようとする義公の姿勢を示すものでもあります。

また、元禄六年（一六九三）には、

鈴木宗与に命じて、単方三百九十餘方を集めて『救民妙薬集』と名付け、刊せられ、僻遠の民医薬に乏しく、往々死に至る者あり。これを憫み、この書を授けらる。初め、西山公薬局を邸内に置きて病あるものを療せしむ。また藩士江戸にある者、父母妻子兄弟病みて死なんとす。帰省を請へば、有司先やりて後上言す。永制とす。

とあって、医療面でも領民に貢献しています。

義公の最後として、死刑について見てまいりましょう。封建時代は、死刑も厳しく殺伐とした時代であったとも云われますが、義公はこれについても慎重でありました。

元禄十二年（一六九九）に次のようなことがありました。

今年、西山公殊に愛玩したまふ鶴あり。天神林村の者、密にこの鶴を斃す。公此の者を港口賓閣の庭上に引す。自ら刀を挺て、既に其の頭を撃んとし給ひけるが、一禽を以て人命の重にかゆべからずとのたまひ、俄に刀をおさめて赦し給ふ。

※　殊に断獄を慎せられ、縦い死刑に決すとも反復丁寧、生路を求め、必死に決するも再び上言せしめ、其の上にて死に処せらる。

また、『西山遺聞』に次のような「親殺しの愚民」のことが載っております。

御国許山家の在に、親殺しの者ありて、吟味のありける。この者山家育ちと申しながら、殊の外愚なる者にて、罪と思ひ侍らず。人の親を殺し候はば咎にもあるべく候、己が親を殺して何の咎あるべきやとて、以ての外の言葉也。尤も御法の通り、重きお仕置きに相極むるゆゑ、詮方なく右の次第を言上に及びける。公、聞こし召し、暫く仕置きを免さるるの趣、是によつて、宜しき儒者を召して仰せ付けられ候は、この者御預けなされ候間、三カ年の間、出精して学文致さすべきなり。おろそかに仕り候はば、其の方不調法に仰せ付けらるべしと、厳重の御事也。豫つて三年学問致させし所、初めて重科の事を呑み込み、大いに驚き、我と御成敗の儀を申し出けるにより、其の節御法の通りに、御仕置き仰せ付けられしとなり。

これらに見られるように、義公は人命を尊重し、事の是非をよくよく吟味し、心を清らかにして、自ら罪を悔いる心に戻して責任を取らせております。問題になっている死刑廃止論についても考えさせられるものがあります。

三　烈公（斉昭）と領民

つぎに烈公について見てまいりましょう。何点かの史料を出しておりますが、ほとんどは『水戸藩史料』別記上に収められているものです。天保四年（一八三三）七月二十八日、郡宰に諭して凡そ次のように述べております。

我等は相続以来、郷村在町の儀については日夜心を労する処、近世の風習として上の云う事が下に通ぜず、下の状況が上に通ぜざる事も是れ有るであろうと、此の処を特に心配している。先ず人は父母ありて生まれるとはいいながら、天より生ずると云うことよくよく知るべし。その内に幸不幸が有りて、幸に王公貴人に生まれたる者は人の上になり、不幸にして下万民と生まれたる者は人の下となる事にて、愚昧の我等が如き者も此の処を領して人の上に立つからは、家中を初め百姓町人に至るまで撫育せんと思えば、相続以来打ち続き誰知らざる者もこれ無く、莫大の入用これ有るとも、家中へは借り上げなど申し付けず、常々の衣は木綿服を用い、食は一汁か、又は一菜のみにして悉く省略し、この度の在国にも御用金は申し付けなかった訳は、百姓町人共が生活を治し、何れも父母へ孝道を尽くされ、子弟の教育も届くようにと思うからである。また、奢侈を制し、博打を禁じたるも、皆人々のためを思う故の事であるのに、我等が思う如くは奢侈や博打が止まないのは、つまりは上の事下へ通ぜざる故なるべし。（中略）

農業を怠り、果ては経営に行き詰まったと云って、天より授かり賜わった子供を我が物のように思い、生死を自由にするは如何なる心ぞや。よくよく考えても見よ。我が身は父母の分けたる身、我が子は我が身を分けたる身なれば、我が子を殺すは我が身を殺し、父母を殺すも同じきに似て、天道に於いてあるまじき事也。然る故に、其の悪風を改めさせるために、奢侈を制し、博打を禁ずるのである。今また、我等が勤めにも拘わるほどの普請向きまで差し控え置くのは、人々の分家をも取り立てんと思うなればなり。我等が領民のことを思って日夜心労することを察して、奢修・博打等を止め、力を労して勧農し、今日の経営には差し支えなく、孫や彦に至るまで数多くなり、一村互いに睦まじくして助け合うようになることこそ、どんなにか楽しいことではないか。

（要約）（『水戸藩史料』別記上巻八）

ここには、領民の上に立つ者の責任を自覚するとともに、育子に努め、分家を認め、領内繁栄にいたさんとする藩主の意気込みが窺えます。そうではありますが、藩主としての恐怖の一つに飢饉の到来があります。その対策の一つとして稗倉があります。藤田東湖の『常陸帯』には、「稗倉は義公の創め給ふ所にて代々の君是を継ぎ給ひ、中納言の君に至りて殊に夥しくなりぬ。凶年の備へくさぐさ有りと雖も、米穀を蓄へれば五年・七年に一度旧きを出して新しきに替えざることを得ず。」とあって、稗倉は義公時代に創設されたもので、この精神を代々の藩主が継承してきたものであり、殊に烈公時代に増設されたと述べています。『水戸藩史料』別記上巻七には、その実態を次のように記してあります。

寛文・延宝之際、封内郡村陸田草高百石に付き、穀稗三石の割を以て徴収し、各地に倉廩《りん》を置き、年々歳々之を積み入れ、創始より明治廃藩の時に至るまで一カ年も欠くことなく、巨万の蓄積を成せしものなり。

即ち、陸田百石に付き三石の割で毎年蓄え置き、これが明治四年（一八七一）の廃藩まで続いたのです。その設置地域としては、

南郡の　堀、吉田、栗崎、海老澤、上戸、芹沢、下玉里
東郡の　高野、石神外宿、瑞龍、幡、小菅、小木津
西郡の　戸村、菅谷、石塚、増井、長倉、上小瀬、小野、久那瀬、大内
北郡の　大里、大宮、高柿、山方、中染、矢田

の二十八箇所でありました。このうち、西郡小野の稗倉は八田郡役所の一部を移転し建設したものと云われています。

また、烈公は直接領内を巡検し、自らの目で実態を確かめることに精力的に努めました。史館物書国友尚克の巡村手記（天保四年八月）を見てまいります。

二十一日、朝より出御にて松岡組御巡村。御供若年寄（上下五人）御目付並びに御通事以下諸士以上僅かに十七人、御同勢都合八十餘人、馬八匹、人足九十人ばかりなりと云ふ。御先代御見合ひは上下三百七・八十人故、郷中の人馬の御入用日々五百餘人も召し遣はされ候処、最初より殊の外郷中を御厭ひ遊ばされ候尊慮の上、殊に当月朔日大風雨の後は、別して御省略仰せ出され、壱人づつも人足減じ候様にとの尊慮にてかくの如く御減少故、郷中皆々有り難がり申し候。

先例御旅館にては不寝の番致し候に付き、御目付方等大勢お供仕り候処、この度は右の儀も御止め遊ばされ、百姓人足の中にて壱両人も差し置き、その外は郡方手代は是非出張居り候事なればば、右の者へ見廻り申し付くべしとの御事也。御旅館えは御屏風等相廻り候儀も先例の処、是又

尊慮屏風などの大振りなる物、遠路持ち運び候ては人足沢山の費えに相成るべく候処、外より見通しに相成り宜しからざる処これ有り候はば、有合せ候戸にてもふすま唐紙にても当座に用ゐ候て苦しからずとの尊慮、御膳所役人も別には御供これ無く、御医師西村元春御供の処、是へ仰せ付けられ、時々心を付け候様にとの御意にて、総て「視民如傷之至意《たみをみることいたむがごときしい》」より出させられ候御儀にて、前例これ無き儀の処、日々の人足へ御扶持方下し置かれ候。

御巡村中、御昼食は腰兵粮にて好きと仰せられ、すかりを仰せ付けられ、日々御むすびを御腰へ付けさせられ候故、御供の面々下上となく残らず腰兵粮にて村々の蘇息莫大なり。御羽織は呰布（サヨミ）の御羽織を召させられ御紐も木綿打ちの御紐なり。御近所勤めの面々も羽織地下し置かれ候故着用御供致し候。（『水戸藩史料』別記上巻九）

この巡村も、人足の大幅減、簡素な装具、「握り飯」の腰弁当に質素な麻のサヨミの羽織を着ての旅であり、領民の負担を最小限にしようと配慮されていました。全てこれ「視民如傷之至意《たみをみることいたむがごときしい》」から来るものでありました。

この巡村で、八月二十七日に小菅村（常陸太田市）の孫兵衛に与えた手書を見てみます。

この度山中の村々一覧いたす処、城下近郊よりも却て田畑手入れよく見ゆる也。この度の巡村に付て、**俄に手入れしては、かくの如く綺麗にはなる間じく、畢竟常々行き届き故と大悦思ふ也。**何れの百姓を見ても、男女共に髪を飾りて手よごれざるは、末業の町人を学びて怠り奢るものと忽ちに知る也。昨日見受けたるに、髪には鼈甲まがひの櫛、又は銀の笄などさして衣装取り結びたるは、この国の者にてはある間敷く、定て近国より我等の通りを見に来る者なるべし。凡そ百姓の義は、田畑を飾り、宜しき高を増やして多く持ち、面々髪の飾り、衣装などには取り構ひなく、尚博打等の悪遊は損になることと能々心得、子供多く繁栄し、他国より来る者を水呑など云て卑しめず、睦まじく付き合ひ、互いに助け合ふようになりて、勝手直れば髪などの飾りはいつにても為は出来る事也。兎角に、末業の町人風を学ぶが何より悪しき事也。されば、婿取り嫁取りも美女《みめ》形によらず、心ざしよくして、父母兄弟を大切にし、朋友の交はり睦まじく、今日の勤めを励み、悪遊をせざる者を選びて婿とし嫁とすべし。心得悪しき者にては、親の死にたる後は家をも亡ぼすもの也。かく我等思ふところを能々推察して、百姓共互いに申し合せて、人々のためになるようにすべきなり。昨夜此の処を泊としたる印に書き付け置く也。髪・衣装など飾りたるものの田畑は必ず見悪しきもの也。（『水戸藩史料』別記上巻九）

特に太字にしたところなどは、誠に感じ入るところです。八月三日には、特に他国よりの流入者、中でも妻子まで連れてきているのはよくよくの者であろうから、救稗や小屋を与えよと家老に命じていました。お褒めに与った孫兵衛の喜びが伝わってくるようです。

また、天保七年（一八三六）は、水戸藩にとっても大変な飢饉の年でした。先に述べましたように、藩内には稗倉もありましたから、餓死者はほとんど出さずにすみましたが、翌八年九月には、勧農のため郡宰に手書（箴言）「専力稼穡勿忘饑饉」（専ら稼穡《かしょく》に力《つと》め、飢饉を忘るるなかれ）を下し、改めて将来を誡めています。天保九年閏四月、郡宰はこの八文字と次の箴言を意訳して各村の庄屋に下付し、各戸に一枚づつ配付したのでした。（『水戸藩史料』別記上巻十）

一 父母を大切にいたし、目したの者えなさけを加へ、家ないむつましく暮し、他人にても年よりを大じにいたし、つねつねはなしをも承り申すべき事。
一 朝おきをいたし、専ら農業をつとめ申すべき事。
一 育子の儀は時々御触れに成り候通りを守り、その外御触れに成り候は、家内一同へも申し聞かせ、堅く守り申すべき事。
一 倹約を守り、吉事・凶事に付き候ても手かる専門に致すべき事。
一 博ゑき悪遊び並に大酒いたし候事は、堅くつつしみ申すべき事。
一 去る申年（天保七年）の大ききんにて艱難辛苦いたし候事を必ずわするべからず、又子々孫々えも申し伝へ申すべき事。
一 麦・粟・稗を多く作り、面々蓄へ置き申すべき事。
一 葛・わらびの根はもちろん糧になり候品々は、何によらず日々用ひ、穀物を大切に致し申すべき事。

このようにして、農民の生活を維持させるために種々指導を重ねた上に、天保八年七月八日には次のように「国中一統夫々その所を得、安穏に立ち行くように」と、家老達へ改革の具体策の推進を督励するのです。（『水戸藩史料』別記上巻十）

我等不肖の身にて祖宗の遺業を奉じ、士民の上に立ち居り候間、及ばず乍ら日夜憂慮いたし候得共、従来勝手不如意の上、度々の凶荒にて上下いや増し窮乏いたし、仁政武備を始め何事もこの所にて行き支へ、手を束ね居り候段、恐れ入り候事に候。如何致し候はば、上下勝手取り直し国中一統夫々其の処を得、安穏に立ち行き候様相成るべきや。

一　家中勝手相応に相成り候とても城下住居にては譜代の家来救助いたし候事も相成らず、真実の武備相立ちかね候間、行く行く土着致させ、古代の武士の如く相成り候はば、定めの人馬心懸け候事も相成り、宗族も繁茂いたし、国の強みに相成り申すべくと存じ候処、如何様の組立にて、摸通よろしかるべきや。

一　家中の風儀取り直し、今日の行状は勿論文武の道相励み候様仕向きの義は、至って急務と存じ候間、国中最寄り宜しきところへ学校を設け、子弟とも右の中にて成長いたし、徳行道芸成就いたし候上、夫々召使い、治教一致に相成るよう致したき処、是又如何様の組立にいたし候はば行き届き申すべきや。

右三カ条は、我等年来心を用ひ候え共、政体へ拘はり候事にて甚だ不容易候えば、及ばず乍ら広く衆思を集めて採択致したく候間、和漢古今斟酌いたし、利害得失等勘考の上、組立候存意共委細に相認め、一人毎に内密当月中に差し出すよう、その筋々へも達し申すべきなり。

即ち、経済の立て直し、家臣の土着、学校建設の三点です。

このように、烈公は藩主として「民の父母」としての自覚を強く持ち、農民・領民の生活安定・飢饉防止のために必死に心願してまいります。次の天保九年六月三日の諸神社への祈願・参拝がそれでありました。

君子は民の父母とこれ有り候えば、かりそめにも国中数十万人の父母と仰がれ候上は、如何で子の飢えに迫るを見るに忍びンや。これによりて今日より七日の間精進潔斎して鹿島・静・吉田・村松・大井等へ五穀成就・万民安穏の大願を立て候得共、日々平常の食を用ひ候ては、恐懼の事故へ、我等並びに簾中初め一同今日より日々粥を食し、上は天の怒りを慎み、下は民の患を救ひ候心得に候。この上何程凶年候ても、国中の米穀にて我等の食物には差し支へこれなく、また粥を用ひ候とて、その餘りたる米穀国中の潤ひも相成らず候得ども、重役初め国中の人我等の心を推察いたし、人々心次第に米穀を餘し候はば国中に飢餓の民はこれ無き道理也。

この参拝の効果があってか、雨も上がって晴天が続いたことに、

民草のためにいのれるしるしとて　日かげもあつき神の恵みか（『水戸藩史料』別記上巻十）

と詠った烈公の喜びはいかばかりであったろうか。想像以上のものであったろうと思われます。

七月二十日には、郡宰が新穀を進献してきたことに関して家老中村与一左衛門への書簡です。

当年も不気候に付き心配いたし郡官へも種々指揮いたし候に精誠天も感応これ有り候にや、暑さも強く相成り、郷中一統雀躍致し候由。右に付、大野村（水戸市）極早稲刈取候分の新穀少々乍ら安心させせんとて手元迄指出候由にて昨日は見させ大悦致し候。右にては実入りも相応と先々降心致し候。猶この上残暑引張り候様、同意至願候。さて、我等事、部屋住の節より是まで、人の致し候義は色々の事いたし、見候得共、未だ米をとぎ候事と、飯を焚たる事はいたし見申さず候処、幸之儀に候へば、直に昨夜自分にても又登美宮（夫人）へも申し付けとがせ候て、側にて焚き見申し候。至極よろしくでき申し候。我等が如き者研ぎ候ても、粉にも成り申さず候へば、実入りも宜しき故と存ぜられ候。右の残りまた今朝手製にいたし候故、与一左衛門初め政府の者へ遣はし申し候。笑味致し候はば、大幸たるべきなり。（『水戸藩史料』別記上巻十）

烈公が、婦人登美宮と一緒に米を研ぎ、飯を炊いている姿は、まことに封建領主とは思えないところではないでしょうか。

その外に、医療・厚生面について触れておきます。天保五年（一八三四）に北郡を巡村した折りに気づいたのでありましょう。天保七年に、安寺・持方・武弓三村の施薬について、次のことを北郡奉行に命じております。（『水戸藩史料』別記上巻九）

感冒　清熱飲　　ニワトコノ花一戔、花葵根一戔、野菊花五分、消石五分

狂犬咬・鼠咬　　傷口へ灸すること六七個、其の後ニンニク。是を搗き潰してつける。毒水流れ

出る故、度々つけ替えるべし。（症例抄出）

右の外、何ぞ好薬もこれ有り候はば、製して三村へ遣はし申すべし。我等も相成るべくは、右の村にこれ有る品にて薬に相成り候様にと存じ候とも、夫れまでには存じ付き申さざる故、まづ、前法を遣し置き候故、製し候て遣はし申すべし。さては、右村文字これ無き村故、例へば、黄疸の薬に候はば、袋の上へ黄色く染め候人形にても描き候様、それぞれ工夫いたし、先にて分かり候様扱い申すべし。先日申し聞かせ置き候百足の油等も拵え候て、遣はし申すべし。巡村の節、元介（安寺村農民）へ申し聞かせ候えども、何とも安心いたし申さず、よつてこの段今日便故早々申し聞かせ候。

また、翌天保八年には天候不順による飢饉の翌年であることから、春来温暖に伴い貧民の間への疾病発生を憂慮し、

何症にても、発熱にはミミズの内の泥をこぎ出し煎じて用いる。

発熱予防に、日々ニンニクを少々ずつ用いること。

一服の薬よりは、一杯の食を与える方が何よりも良薬である。

と処方箋を示した後、存分に蓄えの稗を差し出し救うことは、施薬より遙かに優れりと結論づけ、水戸の側用人に訓示したのでありました。

ただ、この中で、側医師が先年までは馬でも徒歩でも治療に出掛けていたのに、このところは、駕

籠のみになってしまった。自分が老齢の身のため、駕籠を頼んで診療に来るのはよいが、駕籠を以て迎えに来させるなどは言語道断と怒っている。医者達の中にも、これほどの奢りが見えてきたということに注目しておきたい。全ての部署に於いて、謙虚に職務に専念する姿勢が失われつつあったところに大きな問題点があったと思われます。

このような、烈公の飢饉対策をはじめとする諸施策や領民の指導に感謝して、常磐村の十二戸の農家の人々が「みかげ講」を組織し、天保九年（一八三八）に烈公から配られた書「専力稼穡勿忘饑饉」の掛け図を掲げて、烈公の徳を忘れず互いに励まし合って農業に勤しんでいったのです。このことは、三輪信善が嘉永三年（一八五〇）五月に後世のためにと「みかけあふき」を著し、それが安政四年（一八五七）には木版されて領内に頒布され、更に昭和八年（一九三三）には県庁舎前に「農人形銅像」が設置された記念にと印刷配付されました。また、明治三十一年（一八九八）には、栗田寛博士が烈公顕彰の文を認められ、それが常磐神社境内に「仰景碑」として建立され、今に伝えられているわけです。

おわりに

以上見てきましたように、義公も烈公も、これらの時代の根本を支えているものは農民であり、藩主として存在するのも領民あってのことと強く認識しておりました。それだけに、彼らの生活の向上に努め、彼らの生活の安定並びに治安の維持に気を配ったのであり、そのために改革も遂行しようとされたのでありました。義公が重んじられた「先憂後楽」の「後楽園」、烈公が実践された「先憂」からの改革実践と「偕楽園」。ここには、民の安泰を願う為政者としての真心を見ることができます。殊に、烈公が天保七年（一八三六）に考案した水不足解消のための水揚機械である「雲霓機《うんげいき》」などは、何としても飢饉を避けたいとする熱意から生み出されたものの一つでありましょう。これらのことから考えますと、水戸藩の民政は、単に水戸藩という狭い範囲に留まることなく、国家全体の在りように拘わってくるのであり、視野が非常に広いのであります。

今や、科学・通信技術の進歩は実にめざましいものがあります。ドッグ・イヤー（犬の年齢）と云われるように、その変化は速く、将来の生活の変貌は想像もつきません。しかし、それだけに、より一層人間社会としての温もりが要求されると思うのであります。この科学分野の進歩と人間社会の調和とを図るのが政治であり、われわれ個々の人間であります。各国の歴史・民族を理解し尊重するとともに、我が国にあっては、各々がその所を得、互いに力を発揮し、その職務の基本に還って誠実に尽くすこと、また互いに相手を理解し合い、優しさを失わないこと、これらを第一に考えること無くして日々安易に過ごし、個人や個々の企業の利益追求のみに奔走するようであれば、将来に明るい展望は開けないでありましょう。「愛民」の定義は難しく、国民全ての要望を満足させ、嬉々として働く「各々その所を得る」施策は容易ではなかろうと思いますが、義公・烈公が領民を愛したように、少なくとも政治の視点はここに置きたいものと思っております。

二　烈公（斉昭）の就藩と額田村鈴木家

はじめに

水戸藩が定府制であった理由は定かではない。『水戸市史』では、「御三家のうち一家は江戸に常住して万一の変事に備えさせる方針を採り、江戸に近い水戸家を定府としたのであろう(1)」としているが、一般的にはこの辺が定説となっている。従って、水戸藩主は通常江戸住まいして拠点とし、時に幕府の許可を得て国元の水戸へ行き、数ヶ月滞在して藩政の実態を確認すると共に、領内を巡回して状況を視察し、江戸へ戻るのが通例であった。歴代藩主の帰国状況を見ると、初代頼房は在任五十三年間に十一回、二代光圀が三十年間に十一回、三代綱條が二十九年間に四回、四代宗堯が十三年間に二回、五代宗翰が三十七年間に二回、六代治保が四十年間に一回、七代治紀が十二年間に一回、八代斉脩が十四年間に無し、九代斉昭が十六年間に三回、十代慶篤が二十五年間に一回である(2)。

ここでは、九代斉昭に限って、最初の就藩（帰国）である天保四年（一八三三）の藩内外の実状と巡村の概況、及び太田の西山荘や水戸家墓所瑞龍山への往復の休息所となった額田村（現那珂市）鈴木家の来歴と対応について述べることとする。

一　就藩の背景

（一）改革派と門閥派の対立

文政十二年（一八二九）十月十七日に藩主に就任した烈公は、翌十八日、それまで横斂の誹りを受けていた税制を改革すること、紀綱の衰退の是正を図ることを専一として、撫民の主眼と士臣の定府廃止の事を訓示した。更に、およそ三十年間における藩邸生活から熟知した弊風を是正するために、江戸通事関信正、江戸勝手勤大久保秀房を処罰、十二月には水戸家老赤林重興、江戸家老榊原照昌を罷免して、新たに岡部以徳、野中重同、朝比奈泰然、中村淑穆を任命し、次いで酒井喜昌を勘定奉行、戸田忠敞を江戸通事に抜擢した。翌天保元年（一八三〇）正月、士臣に対して、文学を勧め武芸を奨励すると共に、政治上の意見を上申（封事）することも求めた。その他、自らは勿論、江戸・水戸の上下家臣に対しても、奢侈の禁止、綿服着用などの質素倹約、武備の充実を命じた。同年十月には、不要の六十歳以上の者は引退せしめ、気概ある壮年の者を挙用した。しかし、改革はスタートしたものの順調ではなかった。

天保元年三月、七郡制を四郡制にする郡制改革案を提案するも拒否され、そのために郡宰（郡奉行）を一新、改革派である友部好正、田丸直諒、川瀬教徳、吉成信貞、会沢正志斎、藤田彪（東湖）らを

抜擢しその推進を図った。同年五月、新郡宰らは領内改革について、

・百年からの積弊であるからなかなか容易なことではなく、殿の非常の御果断をもって、藩庁はじめ家中・在町とも国中が一体となって事に当たらなければ、改革の実現は難しい。

・急を要する庶政修正の時節、及ばずながら心力を尽くしたく思うが、藩庁及び領内の委細を上申するには筆紙に尽くしがたい。（要約）

として、「何卒、遠からず御在国在らせられ、御国中の様子をも御覧遊ばされ候上にて、御直に申し上げたく一同希ひ奉り候。恐れながら、如何程御聡明に在らせられ候ても、百聞は一見にしかずと申す如く、遠方に在らせられ候ては、御国中民間までの儀には情実の行違い候事多く、既に相違候事も出来候か。（中略）当時、御徳政を士民とも渇望仕り候機会を御失ひ遊ばされず、近々御在国在らせられ候様にと存じ奉り候」(3)と連署して、烈公の就藩を要請した。その中で、改革に当たっての視点を、凡そ次のように提言している。

郷中の実状は、全体に奢侈怠惰のために困窮している。それも、藩庁の奥向き、家中・町家などが郷中よりより甚だしい。一部の者が経界を乱して租税が公平ではない。人夫の駆り出しも無駄が多く、村々の諸掛りも多すぎる。また、国政衰退の根本は「天下一統武を忘れた所から起こり、万事油断になったこと」である。真の武道は、武芸のみではなく、全てにおいて治世に乱を忘れず、人々の心胆を剛強にし、軍役・兵粮に不足なく、凶年への備えも十分にしておくことである。

帰国に際しても、行列は質素にし、供の者も軍行と同様の心得を以てすれば、万人耳目を一洗し天下の手本ともなろうし、御威光もいや増すであろう。(4)（要約）

この後の六月四日、烈公は郡宰らに対して、帰国は急々には難しいが四・五年の内には実現したい、それまでに郷中をよく納めておくようにと激励した。更に民政について、稗の捨て蒔き、小石川殿舎建築費用削減による稗蔵の新設や常平倉新設、御手許金拠出による稗の貯穀、領内統治の一体化を図るための郡宰城下役所勤務と四郡制実施など、次々と具体的施策を指示・実現させていった。同年七月、江戸に呼んだ郡宰友部好正・山口正徳・田丸直諒らの帰国に際して与えた烈公の訓辞「公事等何事によらず裁き事これ有り候節は、民の為に相成り候事を先に了簡致し裁き候様にと存じ候」(5)は、民政に対する藩主の姿勢の在り方として重視しておかねばならない。

天保二年（一八三一）一月十一日、四郡宰を発令した。これまでの七人の郡宰の内、友部が在江戸御用調役、会沢が通事格で在水戸御用調役、山口が目付、田丸が勘定奉行となり、藤田東湖、川瀬教徳、吉成信貞、石河幹忠が郡宰となった。これらの人事によって、目指す改革は一層推進されるかに思われたが、同年四月十四日の郡宰らの封事(6)によると、「我々共第一心配仕候儀は、近来御政事向何となく引立不レ申、格別之御改正も無レ之内、最早諸事御ならし相立候姿、中興の御大業も中途にて御行支被レ遊候儀、何共安心不レ仕、実に寝食を安んじ兼候次第に御座候」とあり、更に続けて、「去る暮れの様子では、俗論（門閥派）も絶え絶えに相成り、当春には正論（改革派）一筋に行なわれると思っていたが、当春以来は思いの外、旧冬よりも俗論が勢力を増したようで誠に残念である。上層にある者が良い人物ではあるが、俗論を見抜けず正論の者が種々直言すると不敬のように思い白眼視している。これでは改革も中途で挫折する恐れがある」（要約）と訴えている。事は容易には運ばなかったことが分かる。

こうした中、十月二十九日、突如会沢正志斎が機密漏洩の罪で閑職的な水戸彰考館総裁に外転されるなど改革派の左遷人事があり、藤田東湖は病気と称して出仕せず、川瀬教徳も激烈な諫書を呈し、他の郡宰も辞職の意向を示すなど、門閥派、改革派の対立は激化していった。これに対して烈公は、兎角水戸の人情は善悪共に強き事にて、これが弊害となっている。自分の職域についてはどのように主張しても良いが、職外にまで犯してはならない。川瀬の引込みも実に迷惑なことである。川瀬の理想は高すぎて、まるで執政を下位の者が指図するようである。自分は、郷中は郡宰らに、その他は役々に、政事は藩庁に任せると思っている。川瀬のやり方は我が儘で、下位へ権を奪うに当たり、それを善政とは云えないと、藤田東湖を通して忠告した。(7)

その一方で、川瀬に対して烈公は、「君子（改革派）は我が愛するところ、不肖（門閥派）も亦我が養ふところ云々、会沢正志斎と法と何れが重きか云々、川瀬職を辞せば余も亦辞すべし云々」との書を贈っている。これを見た改革派一同「恍然たるのみ」とある。(8) 斉昭・川瀬の関係、将に君臣水魚の交わりとも云うべきであろう。

（二） 幕府の警告

その後、烈公が君子・不肖と称したこの両派の対立は、藩政改革が進行するにつれて益々深まった。天保二年十一月の東湖・吉成・石河ら郡宰の封事[9]には、「神州の儀、武勇を以相立候国にて、節義を尚候風俗異邦にすぐれ、殊更御当代之儀は参河風とさへ申候程節義を御尚ひ、士道を御励し被レ遊、随而御家之義も威義二公の御餘沢御座候ゆえ、かかる一統衰弱之世風に罷成候ても、追々剛毅忠直の士出来候所に至候ては、実に他家の及候儀には有二御座一間敷奉レ存候。然る所、当世の俗論、ややもすれば忠正の士を誹謗仕り、不穏とか趣意強きとか相唱へ候云々」とあって、改革派は「不穏分子」であり、「強情者」などと評されて、門閥派からは、正に異端視されていたことは確かである。

しかし、藤田東湖は天保三年（一八三二）の封事[10]では、「学派と申事一切頓着不レ被レ遊、其人物器才により夫々御取用ひ被レ遊可レ然存候事」として、

現在、学派の対立と云うことが殿（斉昭）を悩ませているようであるが、自分はこれらのことを心配して六・七年前から立原甚太郎（翠軒の子）とも交流を持つように努めている。甚太郎は性質頗るサッパリしていて、少しも疑念を持った態度ではないので安心している。小宮山楓軒とも、近頃は往来もしている。山口頼母も義父となり（頼母の娘里と結婚）、何も不和がましきことはな

い。しかし、そのような中でも議論の分かれることはやむを得ないし、それを以て誰は何派、某は何派等と称することは埒もないことである。ただ、近来学問が殊の外に衰え、翠軒門人でも先師幽谷門人でも学者と申す程の者は何ほどもいない。大抵は碌々読書もしない者であるから、学派で対立しているというのは間違いである。つまりは、人々の性質、器才によって議論の異同があり、同じ者は親しみやすく、異なる者は疎みやすくなることは自然の勢いである。(要約)

と、当時の対立が学問の差異によるものでないことを強調している。これを逆に見ると、やはり改革派・門閥派と両派の対立は激しさを増していたと見ることもできよう。

やがてこの対立は、天保四年(一八三三)十二月二十九日に大きな展開を見せることになる。幕府老中水野出羽守忠成より、水戸藩に対して次のような警告が発せられたのである。

水戸殿御領分一体人気不レ宜、近年別而御制禁を犯し候族等不レ少、今度御在国中御鷹野先ニ於て間近く殺生鉄砲打候者抔有レ之趣薄々入二御聴一、不レ外御不安心被二思召一候。当時御在国中之儀ニ候得は、御如才も有レ之間敷候得共、人気立直且小児養育方等惣而取締筋之儀、厚御世話有レ之候様ニと被二思召一候。就而は、家老衆ニも其旨相心得、小役人中ニ至迄、銘々無二油断一入精候様可レ被二申付一候。此段無レ洩急度申述候様ニとの御沙汰ニ候事。[11]

即ち、水戸藩の内部対立から来る藩政の不徹底、幕府禁令への抵触などに対して、幕府が警告を発したのである。藩主が在国中、しかも率先して改革に当たろうとしている最中のことである。事情不案内の者にとっては、非常な衝撃であったろう。

この警告を受けて、家老中村与一左衛門は、水戸の町奉行に対し次のように督励した。

このような警告が発せられたのは、我々の不行届の所為である。藩侯の意向を受けて更に人気を取り直し、小児養育の件について具体的に効果が現れるように努力しなければならない。これまで、町人の奇特な志は稀なるものと思っていたが、先の暴風に際しての救済米、安値での売り出し等は格別なものがあった。藩侯の帰国に際して、御用金も課さない御高恩を有り難く思う気持ちからでもあろう。この心を以てすれば、人気の立ち直りも期待できよう。育子の件は、改革の日も浅く未だ効果は不十分であるが、文公治保様以来歴代の殿様の厚き思いを知らせ、三・四ケ月に一度づつ軒別に妊婦調査をし、困窮人へは御救金を与え、違反者には厳罰を以て対処するなどして、郷村より早く改革が出来るよう努めるべきである。そうなれば、広範な郷村も改革されるであろう。(12)（要約）

また、町奉行の小宮山楓軒は、

人気とは目に見えるものでないだけに、立て直しの具体策は難しいが、徳義によって実現も可能であろう。幕府の法度第一に、文武芸能を励み行跡を嗜むべしとある。このことは、車の両輪の如くであり、一方が欠けてもならない。これに徹しておれば、衆目は必ず張って改革の実は上がるものである。ここを取り違えると、いくら藩主が賢明でも家臣の補佐も届かず失敗するものである。

さて、最近の荻生の学は、誠心誠意などを迂遠のものとし、日常の勤めを軽んじ、英雄豪傑を求め、勝負に拘わることなどから、互いに争いを好む風潮が蔓延し、傲慢不敬を以て英雄の行為と考えるようになってしまった。最近の状況は、長上を凌ぎ、強勢を好むようになり、少しのことにも党派を組み、強訴の企てもあり、ついには反乱に及ぶかの如くに思われる。「人気宜しからず」とは、必ずこのことであろう。[13]（要約）

といって、徂来の影響を受けたとされる藤田派の台頭に懸念を表明したのである。楓軒は、藤田幽谷と共に立原翠軒の門下生であったが、幽谷が師翠軒と対立したのに対して、師に忠実であり、門閥派に近い考えを持っていた。楓軒のこの評を見ても、両派の対立は明白であろう。

この幕府からの警告を受けて若年寄は、町奉行に対して、幕府よりの沙汰は甚だ恐れ入ることではあり、関係方面にこの沙汰を屹度相守り、領中の風儀を取り直すべく精々取り扱うようにとの達しがあり、領内には次のように沙汰された。[14]

（御領分一体人気不レ宜、近年別而御制禁を犯し候族不レ少云々）従二公辺一厚キ御沙汰之趣も有レ之、畢竟我々初不行届候故、御沙汰も有レ之儀と甚恐入候次第に候。仍而は、右之趣申達候条、面々風儀相嗜ミは勿論之儀、倅弟江も精々不レ怠加誡候様可レ致候。育子之儀は、去年中も被二仰出一候義、其外御制禁之品堅相守可レ申段を小者末々ニ至迄申含、上下一体人気立直候様可二心懸一候。

これをもっても、藩内の驚き、緊張の程を窺うことは出来よう。しかも、この幕府の警告は注目せねばならない。確かな証拠は見いだせないが、後に烈公処罰の弘化甲辰の国難に関係するものと思われるからである。即ち、烈公の改革に反対する門閥派が、老中水野忠成と結託して藩の内情を通報批判してのことと思われるからである。烈公を中心とする改革派と藩内門閥派が通じる幕府中枢部との対立は、既に容易ならぬ兆しとなっていたと見なければならない。烈公及び改革派が、この状況をどの程度認識していたかが問題であった。

註

(1)『水戸市史』中(一)、以下歴代藩主の帰国についても同様。四四頁から四九頁。ただし、光圀の就藩については、但野正弘氏が藩主時代が九回、世子時代は二回であることを明らかにしている。(『水戸史学』第四二号「再び藩主徳川光圀の就藩回数について」)。
(2) 斉昭の三〇歳までの部屋住み時代の学問及び情報収集力は再考する必要がある。襲封以来、矢継ぎ早に改革の理想と具体策を提示したことは注目しなければならない。
(3)・(7)『水戸藩史料』別記上　三四〇頁。
(4) 同右　三三九頁〜三五四頁。
(5) 同右　三六一頁。
(6)『新定　東湖全集』菊池謙二郎編　八〇四頁。

（8）同右　五九六頁。
（9）同右　八三二頁。
（10）同右　六三七頁〜六三八頁。
（11）『茨城県史料　幕末編Ⅰ』「天保就藩記」三三〇頁〜三三一頁。
（12）・（13）・（14）同右　三三一頁〜三三三頁。

二　就藩と告志篇

天保三年（一八三二）八月、それまでまだ四・五年先とされていた烈公の帰国が急遽決定し、同月九日、家老中村与一左衛門から町方へ「来春御帰国可レ被レ遊御内含も被レ為レ在候所、右ニ付而ハ先例之通、郷村へ御用金被二仰付一候義、御郡奉行へ致二内達一候所、右役所ニ而御用金は不二申付一、役所扱ニ而弐千五百両出金ニ相成候」[1]と、天保四年春の帰国が達せられた。この背景には、同月二十六日に若年寄近藤義太夫より諸役所への達しに、

御国政之義は、御在国之上御直ニ御下知被レ為レ在度被二思召一候得共、両御殿御作事向ヲ初、相続莫大之御物入共ニ而、是迄御見合被レ遊候得共、御帰国之上御下知も被二下置一候ハヽ、万事御行届ニも可二相成一候哉と、一統有難奉レ存候ニ付、一同奉レ願候段入二御聴一尊慮奉レ窺候処、当時厳重

御取締中ニハ候得共、一統申上候段も尤ニ被㆓思召㆒候付、公辺御願済候ハ、来春御帰国可㆑被㆑遊御内慮ニ被㆑為㆑在、万事御手軽ニ可㆑被㆑遊と之御事ニ被㆑為㆑在候。(2)

とあるように、帰国は小石川邸御殿の再建や襲封以来の莫大の出費などもあって延期されていたが、帰国した上で直々に陣頭指揮された方が改革は進行するであろうとの藩庁方の強い意向を受けた結果であるとされている。しかし、内実は前述したように、改革派・門閥派両派の対立激化もあってのことであろうとも推察できる。兎も角も、この帰国に際しては、城中の御座間をはじめ諸事質素に、新規の作事や道橋普請の禁止、殊に水戸に於いては住居などの取り繕いは無用たること、帰国の供侍達の衣服等全て水戸同様に全体が綿服を用いるようにと、武備の外は先例に拘わらず簡素とする旨の命が下された。整備された所をご覧に入れては、有り体を見て政事向きを考えようとする藩主の帰国の目的にもかなわないとしたのである。具体的な心得は、次のようであった。(3)

一　従来四日道中を三日に短縮する。初日は松戸昼食、取手泊。二日目は牛久昼食、府中泊。三日目は長岡昼食、着城。

一　道中、途中役人・馳走の差出し、道橋普請など堅く無用のこと。

一　道中の旅館などの修復・新規普請は無用のこと。

一　持参の道具類も大破物を除いて、在り来たりのものを利用すること。

一　城中の修復も新規は要らず、御座所畳など拠ん所なき処のみに限ること。その他の修復など遅れている箇所は、直接一覧の上で指図願うこと。

一　道筋の普請、中御殿の手入れ、家臣の屋敷など有りの儘を見てもらうことが帰国の本旨に叶うことである。

一　瑞龍参拝の折りの旅館も、新規普請は無用のこと。

一　三日道中となっては、各自は腰兵粮の覚悟で、自分持ちは朝宿で用意させ、その他は昼食場で焼き飯にさせ、立ちながら食せるようにして、少しも隙の無いようにすること。（要約）

その他、九月初には鷹狩り場として勝倉村、三反田村、飯富村、下国井村、坂戸村、武田村、市毛村、中台村、西木倉村など八十四カ村が指定され、同月より在国中の殺生が停止されたが、十月には領内一円が禁猟区となった。

しかも、実際には勘定奉行田丸稲之衛門が湊御殿に奥が無いので作事を窺ったところ、どうしても必要が有ればさっと出来るようにし、柱なども鉋懸《かんな》けにせず、手斧《ちょうな》打ちにすることなどはなされた。道中の三日も、峯寿院（八代斉脩夫人）が出立の行列を是非見たいと懇願したことから、前例通り四日道中となった。（松戸昼食・小金泊。取手昼食、牛久泊。中村昼食、府中泊。長岡昼食）このため、道中は腰兵粮であったものが、先例の通り旅宿での昼食となった。また、実母瑛想院も帰国となって、お付きの女中達も控え目ながらも多数となり、費用は増えることとなった。市中には、これを機会に一儲けをと諸品に手抜きや高値販売など、一時の利益ばかりを考えるものも多かったようである。江戸屋敷では、斉昭の始めの見通しとしては三年の在国を希望していたが、幕府はそれほど長くは許可せず、二年は確かであろうとの風聞がなされていた。(4)

このような中、天保四年（一八三三）二月二十三日瑛想院一行が着城、駕籠四十挺とあり、控え目とは云いながらも豪華な様子が窺える。烈公は三月五日着城、この後微雨となった。六日、町方の衰微について懸念を表明されていた以下の点について、町奉行小宮山楓軒らは、

・湯屋の男女混浴の禁止について

江戸と同様に、風呂に中仕切を設けたいが、水戸では湯船が狭く不可能である。男女の日を決めて入浴させたい。

・諸物資の品薄と高値について

貯稗買い入れが約三千俵余りとなり、諸品値下げに売り出すことが出来、藩主の高恩に感謝している。今後も、実意を以て商いするよう惣町人の連印を出させた。

・その他の風儀改めについて

帰国された藩主の徳義に感服して成功するであろう。

等々、期待を込めて具申している。(5)

同六日に彰考館に於いて会沢正志斎に「大日本史」を講読させ、十日には瑞龍山への墓参や西山荘訪問、そして三月二十一日になって那珂湊の賓賓閣に於いて、烈公は自らの抱負を「告志篇」として

家臣に示した。これは、烈公の治世の理想論であり、藩主としての施政方針であり、特に重要であると思われる。以下にその内容を略述しておきたい。

一　神国の尊き所以と天祖の恩賚とを忘るべからず。

善政は、上下が一致して行なう心になければ実現できない。何卒、自分と共に一致して風俗を一新し、国家（藩）を中興していこうではないか。自分は、諸士の我等への精忠を得て、天朝（朝廷）と幕府の御恩に報いたい。これが忠孝この上ないことである。また、孝行は大事なことであるが、現在仕えている主君や自分の親を差し置いて、直に天朝や幕府への御恩をというのは、身分を超えた僭越な行為である。

一　文武の道も亦一致と存じ候。

日本で孔子を学ぶことは、孔子が堯舜を尊んだと同じように、日本の天祖天孫の精神・武勇を仰ぐことである。義公の遺訓にも大節に臨んでの嫌疑決定、戦陣に臨んでの勝敗の判断、生死を決し、義理の判断は学問をしなければ分からないとある。よって、自己修養の学問に恭敬の精神を失わず、武芸も表面の華やかさでなく、沈勇を尊び篤実律儀の武士となるよう心懸けること。

一　支配の人は君の人（領民は藩主の民）に候得ば大切に存じて世話致し、頭職の者は我等より申し付け候えば礼敬を尽くし、粗忽の振る舞いこれ無きよう。

上下共に相手の立場をよく理解し合い、無理を通し合うことは止めよ。上下の差はあるにせよ、自分から見れば皆家中の者である。共に藩を思い、相互いに一致して不慮の用務に備えよ。

一　朋友の交わりは相互い打ち解け、睦まじき中に敬をし、忠孝文武を以て励まし合い、聊かも誠信を失わず。

人情、美事は告げやすく、過失は告げ難いことであるから、聴く者は虚心に受け取り、告げる者は他人に知られぬよう当人に告げよ。当人に告げず、共に朋友の悪事を席上の楽しみとするなどは、我が家中にあってはならない。

一　己の能を挟みて人の能を妬みなどするは、いと賤しき心なり。

家中に、芸能など優れた者が出るのは皆主君のためである。これを妬むなどは、主君に対して不忠なることである。自分は、家中の賢能を勧め、邪悪を懲らしめたく思うが、人を知ることはなかなか容易なことではなく、日夜苦心しているところである。我が心を推察し、論語にある「内に省みて疚《やま》しからず」を各自心に留めて欲しい。

一　入るを積もりて出す事を加減いたし申さず候ては、勝手取り直しも相成らず、万一の手当も行届き申間敷候。

朝夕食する米穀は、粒々領民の辛苦の賜物であって、人々の祖先の勤労を以て歴代藩主より賜ったところである。故に、食する毎にこのところを忘れず、一拝してから箸を取って当然のことである。質素倹約して常に武備に心懸けよ。

一　危うき事を致し候を剛の者と云い、これを用心致し候を臆病者と嘲り候は、大いなる心得違いと存じ候。

君父の恩義を忘れ、不養生から病を生じ、武士としての働きも十分でなく、更には寿命を縮めるなどは言語道断、武士の覚悟を忘れぬように致したいものである。後悔は粗忽より生じ、大難は細微より発するという。小事を侮らず、大事に驚かぬ平生の覚悟有りたきものである。

一　利欲は人情誰にても之れ有ることに候えども、人は如何になり候ても己さえ利有れば宜しきと思うは浅ましき事にて、士にはあるまじき事にて候。教えなくして子孫愚かなるときは、金銀も却って放蕩邪淫の媒ちとなる。

人も自分も共に利益となるのであれば利も悪くはないが、他人を苦しめて自分のみ利し、廉恥を忘れ金銀を好むこと言語道断。殊に子孫教戒が重要で、重き役職の子弟にはやがて国の柱石にもなる身であるから、我が儘を抑え下役を見下さず、学問に励み下情にも通じるよう厚く心を用いよ。親たちが深く指導しないことは、世間一般の弊風であるとは云うが、甚だ問題である。

一　楽しみというも、人にはなくて叶はざる事なれば、一概に辛苦艱難のみなさしめて、毫髪（少しも）も楽はなさせまじきと云うにはあらず。されば、面々さえ厚く存じ入り、勝手も直り、武備も整いたる上には、何程も相応の楽しみあるべきなり。

一　直言極諫するは勿論、凡そ下より上に対し存じ寄りなど申し立て候は、人の至難と存じ候処、相続以来面々篤く存じ入り、上言等致しくれ候も少なからず、大慶これに過ぎずと存じ候。
　しかし、近頃それが減少しているのが気がかりである。上言しても何も取り上げられないとの不満からであろうか。自分は、及ばずながら言路を開き意見を求める姿勢に聊かも違いはない。腹蔵なく申し立ててよ。

一　面々真実に身を修めんと心がけ候はゞ、国も治まらずして叶わざる理と存じ候。
　それぞれ役職に違いはあるが、各自が目標を持って専心これ勤めるのが国家のためである。やり過ぎて仕損じるより、手を出さずに落ち度無いようにとの弊風は一掃し、国家と喜び・憂いを共にする覚悟を持って欲しい。

一　天下安くとも乱を忘れず、いつ何時公辺より討手の大将仰付けられ候とも、一同少しも差し支えこれ無き様心懸けず候ては、士の詮はこれ無く候。万一事有らん時は、我等不肖ながら天朝・公辺の御為には身命を塵芥よりも軽んじ、大恩を報じ奉り候所存に存じ候。
これを湊にて賜った宍戸藩主松平頼位は、「威義二公以来、御先代の御志を継せられ、弊風を一洗し、文武の本旨を御発揮遊ばされ、忠孝の大本を説き暁し給ひし也。士民の為に御心を尽させられ、御憂慮遊ばされ候御仁慮、誠に有難き事ならずや。かく厚き尊慮をもわきまへず、旧汚に染て自ら新たにするの志なくんば、其の恐れ少からざるべし」(7)と感激し、これを士民に写し示せば改革速やかに成って威義二公の御代に復すること間違いなかろうと、翌四月にこれを仮名を註して頒布したのである。

註

(1)『茨城県史料　幕末編Ⅰ』「天保就藩記」二六一頁。
(2)同右　二六二頁。
(3)同右　二六二頁〜二六三頁。
(4)同右　二六三頁〜二六四頁。
(5)同右　二七五頁。
(6)『水戸学』(日本思想大系五三　岩波書店刊)二一〇頁〜二一六頁。
(7)同右　二二七頁。

三　額田村鈴木家

（一）藩主迎えの準備

これより先の天保三年（一八三二）閏十一月九日に、明年三月五日藩主斉昭（烈公）の瑞龍参拝の計画が表明され、行程は文化年間の通り、「菅谷村で小休止。それより向山浄鑑院常福寺へ入り、額田村庄屋（鈴木）市十郎宅を御膳所に命じ、その後に瑞龍山を参拝して太田村浄光寺に止宿。翌六日に西山御旧跡並びに太田蓮華寺、稲木久昌寺へ入り、帰途は田彦村（ひたちなか市）庄屋与兵衛宅で小休止、後に帰城」とされた[1]。

実際には、天保四年三月七日付けで郡方役所より手代高野原五郎・伊藤一十郎・加藤善兵衛の連名で、次のような触れがあり十日の参拝となった。

宰相（斉昭）様、来ル十日瑞龍山え御参拝被レ遊候旨、尤夜之内御城御発駕、上町街道通御、明ケ方向山御寺内へ御着被レ遊、額田村市十郎宅ニ而朝御膳被レ為レ遊、瑞龍え被レ為レ成、御昼食休ニ而御引返、太田村浄光寺御旅館。翌十一日山御寺等え御成、太田村え御引返御昼食ニ而御発駕、下町通御、田彦村庄屋与兵衛所へ御小休ニ而帰御ニ相成候旨被二仰出一候条、其旨相心得可レ被レ申候。

この触れには、烈公一行の通行に際しての細やかな注意も併記された。

一　道筋の道路、橋の掃除並びに危険個所へは繕い普請を致し、且つ並木の枯れ枝等を取り除き、その他不浄の品は勿論木の枝などに徒に草鞋等掛けてあるものは取り棄てておくこと。

一　村々の八丁注連（注連縄）や看板の類、庇その他掃き溜めを取り棄て、更に店先へ草履や草鞋を懸けて置くものは片付けること。

一　見苦しい雪隠などがあれば、見えないように垣根を結って隠すこと。

一　杉、横堀、額田並木通りは夜中の通行であるから、松明人足片側へ十人ずつ都合二十人、楢、竹の松明を持たせて待機させること。帰御の場合も夜になる可能性があるから、田彦、市毛、枝川の各村々には同様に松明を用意させること。

一　村々では、組頭二名ずつ無刀にて村境に出て、行列より半町ほど先へ二列に立ち、村を案内すること。尤も、拝見人は被り物を取らせ、平伏させて無礼のないように申し付けること。

一　庄屋並びに組頭一人召し連れ、行列右の方村境に出ていて、行列には交わらずに御用使いとして郡方役人より引き下がって付き添っていること。(3)（要約）

朝食所に当てられた鈴木市十郎宅へは、接待準備として次のように整えられたいが如何かとの伺いがあった。

一　床飾り三品、掛け物は御筆（歴代藩主の親筆）等の類、火鉢、茶碗、茶台（各紋付拝領物）。

一　重箱は蒔絵の類、黒塗金紋付、三方春慶塗品又は白木類。

一　床掛物は義公筆の三幅対の内一幅（上は歌、下に画で名印無し）(4)

これらを受けて鈴木家では、天保四年の正月二十五日に雪隠拡大、鎗掛、馬繋等の材木を取り始め、二月五日に屋根、惣垣根の篠等を近隣の杉、横堀、稲田、高野、足崎の各村へ割り当て、同月十三日に普請を開始した。更に同月二十五日には畳替えの表を柿岡村（石岡市）へ注文、翌二十六日には襖の張り替え、二十八日には郡奉行山中市郎衛門が道橋検分に来村。三十日には粟餅用の米搗き、植木の剪定、屋根掃き繕い、壁塗り、井戸蓋替え。迎える前日の三月九日には屋根各棟に幕張、内庭へは砂を敷き、表門から中門までに盛り砂して歩道とし、井戸には郡方役人立ち合いで封印し、よい詰め二十人余り。御成りの座敷へは、義公光圀筆の鵜飼舟一軸、雪隠へ紙台、小杉紙十枚と草履、手拭い掛け、さらし麻が用意された。(5) これらによって、主な普請用の費用は、藩から給付されたものの、迎える準備は緊張を以てなされていた様子を窺うことが出来る。

鈴木家住宅（創建元禄期）

当日十日午前、鈴木家に到着した烈公一行は、一汁一菜の朝食を摂った後に、家族にお目見えした。市十郎の母は、「年は何歳か」と尋ねられ、市十郎が代わって「八十四歳」と答えると、「年の割には

健やかでめでたいことである」との上意。市十郎が、風流にと椿の枝を大根に挿して献上した。それを見た烈公は、

玉椿千代のいろかも八十あまり　四年は花の初とそ見る

と詠じ、母には祝い金百疋が与えられた。

また、これより先、菅谷村庄屋横須賀勘兵衛宅[6]にて休息している。横須賀家ではこの時に一族揃って出迎え、昔からの慣例として白木の盆に芋を重ねて出した。これを「田舎びたるもいとをかし」と喜んだ烈公は、

此の里の栄えしられていもの子も　あまたに出てて見ゆる楽しさ

と詠んで勘兵衛に与えた。烈公の即興の妙味と領民への愛情の一端を垣間見ることができる。横須賀家では、今も誇りとしてこれを表装し保存している。

(二)　鈴木家書上

藩主の休憩・宿泊等に割り当てられた家は、先祖よりの次第と合わせて、代々のお目見えの内容等について詳しい報告書の提出を求められる。鈴木家でも、郡方役所から命令されて次のような書状を提出している。この項は、鈴木家に残された「鈴木氏記録」（註記に詳述）によるものである。

万里姫は延宝二年（一六七四）の生まれであるが、実は翌三年正月二十日、義公光圀が上野寛永寺

で営まれた大猷院（将軍家光）の二十五回忌法要の帰途、谷中の万日寺辺で拾われた児であると云われている。この時、義公はこの赤子を御次女中「紅梅」に預け、それに乳母「おこちゃ」をも付けて御膝元にて殊の外寵愛されていた。十歳の時に水戸の城中に下し、女中「南殿」に預けた。「南殿」は家老三木之次の屋敷で表使役を務めていた者とかで、これは義公が三木屋敷での誕生から幼少期までの生育に似ている。（要約）

また、天保三年（一八三二）十月、烈公帰国につき関係諸家に「先祖書」の提出が求められた。特に鈴木家には郡方役人外元締照沼庄八より「万妃」についての報告が求められている。以下は、その報告書である。

貞享四年（一六八七）丁卯年、私祖父ノ為ニハ曽祖父市十郎え従二義公様一杉浦孫右衛門様ヲ以御内意被二召下一候趣、万妃ト申女中十四歳ニ相成候ヲおまりと改名被レ遊、右市十郎妻ニ被二下置一候旨、其親市兵衛、達而ご辞退申上候得共、上意之義難二黙視一、任二上意一頂仕候。尤、針妙並婢女弐人外ニ乳母御添被二下置一候。則、杉浦孫右衛門様ご夫婦ニテ御同伴被二下置一候て、直々婚儀御整被レ下候事ニ御座候。万妃事ハ、延宝二年寅年（一六七四）出生、八十三歳ニテ宝暦十年（一七六〇）庚寅八月三日死去仕候。生涯絹弐疋ツツ為二御四季施一被二下置一候。外ニ拝領物等ハ繁多ニて中々難レ尽候間不二申上一候。尤、奥より之文ハ数通只今ニ御貯置候事。

即ち、義公は「万妃」が十四歳になった貞享四年に「おまり」と改名させて、家老杉浦孫右衛門夫

婦の世話で鈴木市十郎に嫁がせた。「万妃」は、宝暦十年に八十三歳で死去したのである。(7)

更に要約を続ける。

万妃は、寒暑の時期に御機嫌伺いとしてうどん粉或いは引き抜き蕎麦などを年々献上したが、お城へ年頭お礼に参上した際には、大広敷迄駕籠で行くことを許されていた。また、元禄二年（一六八九）、万妃十六歳の年に女子を出産したが、この時には老女「高尾」が来宅し、兼ねて義公直々の御意とて「おくま」と名付けられた。「おくま」が九歳の時に城にご奉公に上がり、三ノ間勤めとなった。（「鈴木家系譜」の項には「姉をイチと云い、妹を熊と云う」とあり混乱が見られる。）

元禄五年に次女が誕生したが、この時、義公は既に西山に隠居していたので、早速に鈴木家へ赴き、親しく膝の上に抱き市太郎と名付けた。（男子を望んでいたのであろうか）

その後、粛公綱條、成公宗堯、良公宗翰、文公治保、武公治紀など、代々の藩主達は帰国して何方へお成りになろうとも、村方を通行する際には必ず鈴木家に立ち寄っている。この時鈴木家は、大概は昼食場とされた。また、綱條とその夫人本性院、泰伯、宗堯その他の兄弟達の柩全てが、鈴木家へ入って休息を摂ったと記録されている。奥女中達の瑞龍参拝又は茸狩り等の節も、往還共に鈴木家が宿とされた。

治紀の帰国した翌年の年頭御祝儀に参上した鈴木家父子は、お目見えの後に奥の客間で老女より手移しにて餅、吸物、冷酒を三ツ組立盃にて拝領、更に長熨斗、昆布等をも拝領した。老女にも返杯したが、吸物、お酒は召し連れた家人にまで振る舞われた。老女が下がった後に、奥番組頭白須又蔵が素袍にて出座、燗酒を勧められたが辞退すると御奥へ其の旨が伝えられた。治紀夫人よりは、「上之召上リ候御酒ニテ甘ク候得ハ下戸ニテモ可レ然」と勧められて、少々いただく。更に煎茶、大みかん、氷砂糖などを沢山拝領して退出した。

享保十年（一七二五）九月五日、宗堯が瑞龍山へ参拝した際には、鈴木家の市兵衛、新蔵父子及び分家の左内、傳十郎父子が、それぞれ裃着用の上脇差し帯刀にて、村十文字制札場の前に揃ってお目見えしている。

同年十月十二日、太田山寺にて恭伯（吉孚）の十七回忌法要が行なわれ、その帰御鈴木家にて休憩。この時の接待には、小笠原東庵の指図により干菓子一重、栗餅一重（餡くるみ）が出された。市兵衛、新蔵は裃着用、脇差し帯刀して久慈川越えして坂上にあった村愛宕別当万法院前まで出迎えてお目見えの後、新道辺より先に駆け抜けて案内役を務めた。分家の左内、傳十郎は市兵衛門前にてお目見え、万妃、市兵衛妻おくまはお継ぎの間でお目見えとなった。この時の献上物は、

そば粉	五袋	市兵衛	梨子	壱篭	新蔵
里芋	小俵二俵	おくま	栗	壱篭	左内
山芋	壱篭	傳十郎			

であり、前後のお成りの献上物はほぼ同様であった。藩からの下され物は、

一金　　三百疋　　市兵衛　　一金　　二百疋　　新蔵
一金　　二百疋　　左内　　一金　　二百疋　　傳十郎
絹　　弐疋　　万妃　　絹　　弐疋　　おくま

とある。

なお、享保七年（一七二二）十二月十一日の宗堯の向山常福寺、瑞龍山参拝の節には、大和芋、栗、栗、里芋、いてふ芋、山の芋を太田御殿へ持参し、太田郡役所の取次で献上、役人は佐々木政右衛門、茅根文右衛門の両名とより具体的に記されている。

ただし、文公治保、武公治紀両藩主の帰国の頃は、献上物及び下され物共に止めとなる達しがあった。それ以来、栗餅、菓物などは全て鈴木家訪問の際に直々馳走することとし、馬場御殿へ持参して献上することは廃止された。下され物も、当主のみに三百疋が下された。歴代藩主のお成りに際しての、鈴木家の槍掛、雪隠、外繋並びに惣垣根の普請は、先例によって藩の負担で為されることであった。

また、武公治紀の鈴木家訪問に際してのエピソードがある。座敷に着座した治紀が、通事に「床之間へ掛置き候掛物は御筆ニ在レ之や否や」と下問があった。「義公様の御筆なり」とのことに治紀は、床を背にして南面に着座されるよう二畳台が用意されていたが、これを西向きに敷き変えさせ着座した。「御筆の掛物、御後ニ被レ成間敷との義と乍レ恐奉レ存候」とある。義公尊崇、孝行を重んずる藩主の姿勢の表れとして光っている。[8]

註

（1）『茨城県史料　幕末編Ⅰ』「天保就藩記」二六六頁。

（2）・（3）・（4）「鈴木家記録　一」（那珂市額田鈴木とし子氏蔵）

鈴木家の初代は市十郎浄玄。初め佐竹氏の家臣で太田天神林村馬坂に住していたが、佐竹義重・義宣の秋田転封に際しては、弟某が随従、浄玄は額田村へ移住して農業を営む。この浄玄と義公との関係は、『水戸義公伝記逸話集』（吉川弘文館刊）の「西山遺事俚老雑話」にも収められている。この「鈴木氏記録」の筆者である七代市十郎世美は、烈公と同じく寛政十二年（一八〇〇）の生まれで、字は済卿、号は櫟堂・碧山堂。若年から日記をよくつけ、絵事を好んだ。「鈴木氏記録」の一・二の外に「碧山堂記録」など多くが残されている。

（5）「鈴木氏記録　二」これには、鈴木家の系譜と斉昭接待の準備から当日の様子、また瑛想院の瑞龍参拝等が、日時を追って詳細に記録されている貴重なものである。

（6）横須賀家は幕初より庄屋・山横目を務めていたので、瑞龍参拝の休憩所とされていた。現在でも、家老中山備前守信敏や義公の書簡が保存されている。

（7）この後に次のような「但書」がある。

万妃事、表向御拾子ト申伝候得共、実ハ御落胤之由申伝候。御鷹野之砌、町人之娘へ御手かかり候所、其後妊娠いたし候趣内々申上候得ハ、大切ニいたし出生後可二申出一旨、御内達在レ之候ニ付、出生いたし候間其段申上候得ハ、上野御法事之帰御御先え捨候様御内意在レ之捨候を、御拾被レ遊候共申伝。又ハ、小石川御屋敷え御奉公ニ罷上候娘御手かかり妊娠ニ及、宿え御下ケ出生後御内意申上候得ハ、前之通御内達在レ之由ニも申候。何レ申傳ニ候。ことごとく秘シ口外致間敷旨先祖より代々申傳候事ニ御座候。

この部分は、「いつの書上えも秘し候義故不レ認候得共、御手元え書上候義故、内々申上候」とあって、鈴木家としては代々の秘事であったが、特別の要請であったので、内々申し上げたものであるという。また、『西山遺事俚老雑話』には、鈴木家は綿の売買に成功して裕福であり、義公は自ら「ほまち娘」と称していた万妃の生涯が楽であるようにと、市十郎の妻に下したとある。また、鈴木家の菩提寺は額田の阿弥陀寺（浄土真宗）である。その墓地内に伝えられる万妃の墓は、水戸家墓所の墓標と同様に螭《ち》首亀趺（亀の胴体に竜の首が付いている台石）とよばれる形式が採られていたと思える墓石がある。

（8）これは、斉昭の七男で十五代将軍徳川慶喜の逸話にも共通するところである。明治二十六年（一八九三）、母登美宮の遺骸を瑞龍山に埋葬しての帰途、宿所である額田村庄屋寺門治平宅座敷に上がった。床の間に掛けられた父烈公御筆の前に安座せず、治平がもしやと掛け替えたあと安座したこと。『徳川慶喜公伝』四の伝えるところである。

おわりに

烈公就藩の目的は、直接領内に赴いて実態を確認し、藩政改革の実をあげようとしたものであった。彰考館物書国友尚克が、斉昭の巡村は「総て民を視ること如傷の至意より出させられ候」と記しているように[1]、多くは昼食はスカリ（樹皮の網袋）の腰兵粮、羽織は貲布《さよみ》（織り目の粗い麻布）、紐は木綿という出で立ちであり、至る所の父老に話すことは勉業禁奢の意味を以てし、孝子・力田・貞婦・高齢なる者を表彰し、その他山海の形勢を観察して防海の用に資するなど、注意万端怠るところがなかった。また、郷士や豪農などへも「他国よりしたひ（慕い）来る者をば、水呑などといひていやしむるは以ての外の風なり。他国の人たりとも、したひ来らば睦しくしてつき合時は、此方のたすけになれば、此処もよくよく諭すべきなり」と、他藩の者へも愛情を示したことは、(2)後の秋成新田（水戸市、旧常澄村）や播田美新田（水戸市、旧内原町）開発とそこへの越後流民の入村推進の先駆としても注目に値しよう。

しかし、目指した改革は容易に進まず、天保五年二月頃には「もはや登り（江戸参府）も三十日ばかりに相成り候処、土着の義も学校の義も評議ばかりにて行はれも致さず、扨々残念なることに有レ之候」と、重臣達が評議ばかりで少しも改革の実をあげることが出来ない苛立ちを表明している。これには、既述したように、幕府から警告を受けるなどした門閥派と改革派の鋭い対立が背景にあって、期待した改革が思うように進展しなかったことが示されていよう。しかしながら、烈公は静・吉田・八幡神社や村松の伊勢大神宮を始め、遠くは鹿島・香取神社を参拝、更には諸村々の神社仏閣を参拝して敬神の至誠を示すと共に、改革を祈願している。加えて、若年寄興津蔵人・参政大森信成・執政藤田主書・小姓結城寅寿・町奉行小宮山楓軒ら諸重臣達の家々を精力的に訪ねて改革の実践を督励したのである。また、巡村によって、各地の由緒ある旧家をも訪ねて良風美俗を奨励・褒賞しているのも、改革の根底を担う領民への愛情を示すものであろう。

烈公の訪問を受けた各家には、今にその関係書類等が保存されている。なかでも、鈴木家はお成りの座敷を含む家屋と詳細な記録、葵紋入りの什器類が大切に保存されている。今回紹介した記録も、歴代藩主の瑞龍参拝の様子を知る上で貴重なものであろう。烈公の改革への意欲と、それを阻止しようとする藩内家臣との対立、その一方で、帰国する藩主への領民の懇切な対応や期待を、鈴木家を代表として明らかにしたものである。

註

（1）『水戸藩史料』別記上　四五七頁。
（2）同　右　四五八頁から四六二頁。
（3）同　右　四六三頁。

附記　烈公の静神社参詣と神幸祭（浜降り）

一　神幸祭

義公光圀は、寛文七年（一六六七）七月に就藩、十二月には吉田神社と共に静神社を修造した。この時発掘した「静大神宮印」なる銅印も、新たに保護箱を新造して銘記保存した。静神社は、倭文を織り天照大神に仕奉した建葉槌命を祭神とし、大同元年（八〇六）創建とも不詳とも伝えられるが、由緒ある常陸国第二宮として歴代藩主も崇敬したところであり、烈公斉昭も巡村の際に参拝している。『新編常陸国誌』の静神社の項に「那珂三十三村ノ鎮守タリ」とあり、更に「四月七日ヲ神幸、是ノ日、遠近ノ民、万餘人或ハ馬ニ騎リ、或ハ徒歩シテ神輿ニ跋扈シ、平磯ノ浜ニ至ル」とある。この神幸祭は、静神社から平磯・磯崎（ひたちなか市）の酒列磯前神社まで約二十八キロメートルの間を、静神社の神輿を先頭に周辺の主な村々の鎮守及び村松大神宮（東海村）の神輿を従えて渡御・浜降りするもので阿字ヶ浦から酒列神社の麓まで進み、そこから神道を上って境内に到着する。然し、特に先頭の静神社の神輿は、神社前から更に平磯磯崎の浜辺の奇岩護摩壇石へ鎮座して祝詞を受ける。最後に村松大神宮の神輿が神社に到着すると、それを合図に村松の海岸から競馬馬が平磯まで疾走する。これらを合わせて、神輿かつぎの掛け声「ヤンサ・コラサ」から「ヤンサ祭り」とも称されたが、太平洋側・日本海側の海岸部、殊に茨城県・千葉県に集中的に分布するこの浜降りの神事の中でも、特に競馬を伴うことによって精彩に富む行事として注目されてきた。(1)

明治維新後は、氏子範囲の改変もあって実施が難しく、明治二十六年と同四十年、昭和十年（一九三五）と同二十七年八月の四回のみで、それ以降は行なわれていない。明治四十年（一九〇七）の記録には「那珂郡平磯町字磯前ニ鎮座セラル、国幣中社酒列磯前神社ノ祭礼ハ、古来毎年陰暦正月・四月・六月・九月ヲ用フ。其四月（今ハ三月七日）ノ祭りニハ、隣里四十餘邑ノ民、各其鎮守ノ神輿ヲ社前ニ舁キ来リテ祭を修メ、競馬ノ儀ヲ行フ。是レヲ「ヤンサマチ」ト曰フ。時ニ各邑ノ民、旗幟ヲ竪テ部伍ヲ分チ、神輿ヲ奉シテ沙上ニ屯ス。或ハ甲冑ヲ被リ、或ハ一様ノ軍衣ヲ著ケ、額ニ白布ヲ巻キ、皆白挺ヲ手ニシテ相搏撃シ、或ハ進ミ或ハ退ク。其数幾千百ナルヲ知ラス。此古例、今尚行ハル。真ニ、太平ノ壮観ナリ(2)」とある。

この静神社の浜降りが、就藩した烈公の静神社参拝によってどのような影響を受けたかを、藩主と領民との関係から記しておきたい。

二　静神社神幸祭「浜降り」の経緯

その初めは定かではない。「静神社記(3)」によると、寛文七年（一六六七）四月七日に初めて行なわれ以降毎年実施された。同社記には「供奉之人数大群成事坂東第一之祭礼也……明和八年（一七七一）四月朔日渡御ニ而相当ケレハ、三十三カ村之氏子ハ申ニ及ハス、御国中近国ニ至ル迄卯正月初メヨリ支度心懸ニケル」とあるように近在近郷揃って早くからその準備に当たるなど盛大な祭礼であった。その後、元文年中（一七三六〜一七四〇）には四月一日に、しかも三年に一度に変更された。更に享保十六年四月七日からは、前年の四月七日に四代藩主宗堯（成公）の逝去があったことから四月九日に改められた。

毎年が変更された背景には、静の神輿は「暴れ神輿」と評され、しばしば郡奉行から静・磯前両神社に対し注意・警告が発せられていた。主なものでも次のようである(4)。

急度申触候

一 静明神、四月七日磯出祭礼ニ付、野々上之者共諸願之願有レ之候而大勢罷出、社人之下知ニモ不レ随神輿ヲ奪取、剰土足ニ而拝殿迄踏上リ初尾ひろえし由、此方役所迄相聞。此旨村中へ銘々可レ被二申付一候。右之族相背ニおひてハ、(厳罰)被二仰付一有レ之候間、左様ニ可二相心得一候。

元禄十四年(一七〇一)巳三月二十二日

朝比奈作兵衛

一 来ル四日、静明神磯出渡御御道筋供奉之者共、其村々よりも大勢出候由。就、其狼藉喧嘩等も有レ之、神輿破損或ハ諸作踏損候族有レ之候条、粗相聞、左様有レ之輩ニおひてハ、急度申付様有レ之候間、此旨村中へ態々申渡不作法無レ之様可二申付一候以上。

右村庄や中

右之廻状ハ宝永四年(一七〇七)丑三月二十日御評定相済申候由ニ被二仰付一候。

一 当月七日、静明神磯出に付、村々より例供奉百姓共罷出。然所不行儀放埒之事共ニ而道筋畑方等も添踏損し、其上脇村之鎮守御輿出合候得は、強勢之ふるまい有レ之、或ハ磯ニ而商人のみせおも行懸ニ踏たおし候旨、前々より相聞不届至極大礒之至候。依レ之此度屹ト相改候条、少放埒強勢之致方於レ有レ之ハ、後日相糺厳科可二申付一候間、此旨屹ト村中惣百姓寺社門前ニ至迄申付組内判形取可二申付一候

享保拾年（一七二五）巳四月七日

と続いている。また、明和八年（一七七一）三月二十九日の夜には、鐚銭鋳造に反対する静村周辺の農民が、静神社の神輿を奪って太田村鋳銭座へ打ち込む一揆も起こっている。これらの結果、文化元年（一八〇四）には水戸吉田神社の祭礼に倣って風流祭となって神輿の出社はおよそ三十年間休むことになった。[5]

三　烈公の静明神参詣

天保四年（一八三三）の「飯田村御用留」（大和田まさ氏蔵）によると、庄屋大和田家の年寄六衛門はこの年三月十七日、水戸梅香の郡方役所へ呼び出されて、烈公の静神社参拝に際して拝謁するよう次のように命じられた。

右の者、古来家筋にて先祖六衛門と申す者、寛永年中より役義相勤め、慶安年中願ひの上新田畠四百七十石餘開発行届き、新百姓百軒餘立てられ候功を以て御除地をも下し置かれ、元禄年中御用金指し上げ、尚又居村江義公様成らせられ候砌《みぎり》御旅館に相成、家内残らず御目見え拝領物銘々

これあり。稀なる旧家筋目の者の由相聞こえ候に付き、この度静御参詣の節、同姓四郎宅御小休ニ相成り候得ば、同人門前にて格別の義を以て御目見え相済まし候条、この上永続致すべく候者なり。

大和田家は、寛永年中から村役人を務め、新田開発を許可され、藩への御用金を差しだし、義公も宿泊されるなどの旧家であった。

続いて三月二十二日には、四月二日に静神社参詣となるので四月一日に予定されている祭日を日延べするように次のように通知された。

宰相様来月二日静明神え御参詣遊ばされ候に付き、朔日祭日相延べ候様致すべく候。尤も御参詣遊ばされ候上、思し召しを以て、祭日の義仰せつけられ振りもこれあるべく候条、その旨相心得申すべく候。見届け早々順達留まりより序でに返すべく候。

三月二十二日　　石川徳五郎（郡奉行）
鴻巣村より中里村まで

さらに三月晦日には「静明神参詣に付き御道筋見分御用、松本藤兵衛歩通行」があり、明後二日明六ツ時、御供揃ニテ出御、其村々通御静明神え御参詣遊ばされ候条、村々庄屋幷ニ組頭両人、歩行夫二人召し連れ村境へまかり出居り、御案内あるべく候。正五郎より先え無腰ニテ二行ニ相立ち御案内致すべく候。庄屋ハ御跡御供、加納太一衛門、松本藤兵衛より四・五間引下がり、大山村大山守舘□□一同脇指帯御供致すべく候。歩行夫ハ庄屋より少し引下がり、御同勢重ならぬ様相立ち候。右何れも御道筋右側えまかり出居り申すべく候。
一　出御の節、飯田村四郎宅御休、尤も鴻巣村稲荷(6)え御参詣の段ハ、其の節御振合い次第の義ニこれあり候。
一　静明神　御参詣、社中御昼食
一　帰御の節ハ戸村組頭吉衛門宅　御小休
一　道橋掃除の義ハ、程能く申し付くべく候
一　通御の節、往来の旅人並びに拝見人共、不作法これ無き様、御案内の組頭共相制し候様申し付くべく候
一　舟渡等御勝口無レ之様申し付くべく候
一　人馬改めの義ハ、中河内・飯田・志津（静）・戸村・下国井・中河内継ニこれあり候条、人足四十人程心掛け置き申すべく候
右件々申達し候条、見届け早速順達留まり村より返さるべく候。
　三月二十九日　巳中刻豊喰より　午上刻鴻巣迄
　　松本藤兵衛　　加納太一衛門（郡方役人）
静明神御参詣に付き四月朔日より同三日朝まで出役（飯田村四郎宅御休所並びに諸人馬頭取計・助郷人足）

鴻巣村　人足三十人　　福田村　人足三十人　　戸崎村　十五人
飯田村　かき宛六十人
御成先御案内　組頭源兵衛・清兵衛（無腰・股引き）
御跡供　　　　庄屋源右衛門（脇差帯）
人馬会所　　　庄屋倅貞蔵・組頭平兵衛・同武平・小山守勘衛門
御辺指引下働　組頭吉兵衛・同儀平・同伊平・同藤三郎

この静神社祭礼「磯出」に関しては、改めて次のように命じられた。

静明神出御の節、氏子村々神徳を仰ぎ奉り、古来より供奉致し来たり候処、先年心得違ひの者これあり、不法手荒いの義も度々これあり候に付き、磯出相止み、文化元子年（一八〇四）より風流祭ニ相改め候。しかるところ、静明神武勇の神には候えども、不法手荒の儀は狂乱の所為にて、真の武勇にはこれ無く候故、神慮に叶はざること勿論に候。これによつて磯出久しく相止み候義も、村々の妨げに相成り候故の事にて、氏子の者ともの仕業より起こり候儀、氏子とも明神え対し相済ず候事に候。畢竟、鎮守明神の儀は、その所の乱を鎮め候為に鎮座これある事に候えば、村々の障りになり候ては、神慮に叶ひ候筈これ無く、出社の節も、明将之軍法正し候が如く、行儀正しく供奉致し候てこそ、神慮に叶ふべく候。この度　宰相様尊慮在らせらるるに依つて、今年より隔年に磯出致し候様仰せ出され、祭日四月朔日に仰せ付けられ候条、出社の節は、正しく供奉致すべく候。勿論磯出これ無き年は、祭式是までの通り相心得べく候。

右の通り格別の思し召しを以て磯出御免に相成り、神慮の趣も申し含み候上は、此の後万一不作法手荒の儀もこれあり候えば、宰相様尊慮にも背き奉り、且つ又神慮にも背き候者とも之儀は、是まで心得違ひ候者とは次第違ひ候間、厳重の罪科に仰せ付けらるべく候。且つ、明神出社の儀も、いよいよ村々の妨げに相成り候はば、已後厳しく指止め方もこれ在るべく候条、是又氏子ども心得より起こることに候エバ、その節に至り、たとへ神罰を蒙り候とも後悔これ無き様、兼ねて相心得べく候。

この趣、志津・古徳は勿論、氏子村々の内、先年より磯出の節供奉致し来り、神輿え付添ひまかり出候村々、聊かも不作法の儀これ無き様、小人共え屹度申し付け、村役人共も供奉致し、下知致すべく候。此の廻状文、見届早々順達留り村より追て返すべく候、以上　四月四日

石川徳五郎

追達、今年の儀は、来る七日出社仰せ付けられ候条、此の旨相心得べく候。尤も雨天に候ハバ、三日までは日送り致し不ㇾ苦候。

即ち、静明神は武勇の神であるが、名将の軍法宜しく規律正しく渡御すれば、磯出の目的である五穀豊穣、漁業大漁祈願に合致するものである。今後は規律を守って隔年で出御するようにと烈公が磯出再開を認めたのである。次には、その対応が次のように通達された。

静明神、今年より隔年に磯出社仰せ付けられ候に付いては、志津・古徳の外、氏子村々の内、先年磯出の節、供奉致し奉り来り、神輿え付きまかり出候村々は、目印に着服肩え左の通り印縫ひ付け申すべく候。尤も、揃い口かた等、華美なる義、その外脇差帯持等ヲ持ち候儀相成らず候条、屹度小人共へも申し付けらるべく候。

一　飯　　飯田村

右の通り、五・六寸司法位の白木綿切え文字墨にて認め申すべく候。

一　神輿の儀は、志津・古徳両村にて担ぎ候様相達し候条、その旨相心得申さるべく候。　右、件々相達し候条、見届早々順達、留り村より序でに返さるべく候、以上

四月四日　　　　北条郡助　　綿引次郎衛門

当日村役人共、先年出社の節は、半天等着用まかり出候ものもこれ在り候由に候処、質素の義、追々相達し置き候御時節、役人共右様支度いたし候ては相済まず候条、平常の羽織・股引・尻端折にてまかり出らるべく候、以上。

これによって、今後の対策が練られた。騒擾を防ぐために服装も「印字」を縫いつけて、いわば責任を明らかにする方法が採られることになった。しかも、質素に粛々と渡御するよう厳命されたのである。祭礼の趣旨と祭事の在り方を整えることで神慮を再認識させ、領民の祭事執行への念願もかなえた烈公の手腕は、周辺領民の心を強くとらえた。それは、後に烈公が幕府より処罰された際に大規

模な雪冤運動となって現れてくるのである。

なお、この翌五年（一八三四）四月八日、太田郡（北）・武茂郡（西）巡視からの帰途、雨天の中ではあったが静神社に隣接した鴻巣村（那珂市）宝幢院に立ち寄り昼食を摂った。この時、着ていた蓑を脱ぎ、

　ふる雨にはるばる来つつぬきあたふ　これをかたミの衣とハおもへ

との和歌を添えて住職に与えている。(7)

ここにも、烈公が地域の由緒ある神社仏閣、史跡・名勝を訪ねて、良風美俗を奨励する姿の一端を窺うことができるのである。

註

（1）『勝田市史』民俗編　四八九頁〜四九三頁。
（2）『茨城県写真帖』（明治四〇年茨城県発行）一九〇頁。
（3）大和田まさ氏蔵（那珂市）（4）も「静神社記」。
（5）『近世史料Ⅳ』（茨城県史編さん委員会編）所収「加藤寛斎筆記」）。
（6）鴻巣村稲荷祠の別当和光院が、寛政六年（一七九四）二月に江戸小石川屋敷において世子の難症の疱瘡治癒を祈願して其の効果があったことから「疱瘡神社」として名高くなり、遠近の者たちの参詣が多くなっていた。（『茨城県史料』近世政治編Ⅰ所収　「水戸紀年」）
（7）『茨城県史料　幕末編Ⅰ』。

第三章　水戸藩の郡制と郡奉行

一　水戸藩郡制の変遷

はじめに

江戸時代の幕藩体制下にあって、幕府直轄領や旗本知行地及び諸藩の領民は、幕府をはじめ各大名の治世方針に大きな影響を受けた。それだけに、その方針を受けて直接領民と接する機会の多い郡代や代官、郡奉行の姿勢がより大きな問題となった。

水戸藩においても、郷村の支配体制はおよそ郡奉行→名主→組頭→農民へと藩命が下達された。このため、藩政における郡奉行の役割は大きく、紅葉郡奉行（郡宰）として二十一年間勤務し領民から敬慕された小宮山楓軒も「すべて農政之事ハ郡奉行之人物次第(1)」と断定したほどである。

同時に、関連する郡奉行の管轄範囲を決す郡制や郡奉行の勤務方法について、城下役所居住とするか郷村赴任地陣屋への居住とするかをめぐって大いに揺れ動いてもきた。ここでは、郡奉行の在り方について、郡制の変遷と陣屋制、村訳など制度面についての考察を主としたものである。

一　郡奉行と起請文

農村の本百姓・水呑百姓等を直接まとめるのは庄屋・組頭・百姓代の村方三役であるが、庄屋・組頭が正式名称となったのは寛永十八年（一六四一）に完了した寛永検地以後と思われる。ただし、水戸藩では百姓代は置かれなかった。また、民政の組織である十人組は万治二年（一六五九）につくられ、享和二年（一八〇二）には五人組もつくられた。その上で、藩内領民の民政を担当するのが郡奉行であり、その設置は寛永十六年に始まった(2)。

このように、村方役人を中心として組織された農村の統治を左右する郡奉行の具体的な任務の主なものは次のようである。はじめに、寛永二十年（一六四三）三月に制定された条目に拠れば、

郡奉行代官者、面々支配郷中常々勤、万事損益不レ致二年貢遅滞一様に、耕作業無二油断一可二申付一、若任郷中ノ手代無二自身之働一、或不レ仕二人夫伝馬一、構二私曲一輩有レ之者、急度可レ処二罪科一(3)

と示されたように、耕作や年貢納入に付き郷中を手代に任せることなく、郡奉行自らが積極的に郡の政治に当たることを要求し、違反者は厳罰に処するとその心構えを正している。具体的には、検見、取り付け、郷中の巡検、年貢割付、諸浮役納入命令、公事境界山論、御法度申付と高札場管理、召し捕

り成敗、川・堰・堤等の普請、道橋普請、江戸・水戸の薪炭手配等々であった。

このように、正に領民の生存を左右する権限を握っていた郡奉行だけに、その職務は厳正を求められたのであり、郡奉行たちもまた、次のような神文、起請文を藩に差し出し、職務の全うを誓ったのである。(4)

起請文前書

一　諸事被二仰出一候御法度之趣、堅相守可レ申事。

一　不レ依二何事一ニ御隠密ケ間敷事承候ハヽ、被二仰出一無二御座一候先キ、他人ハ勿論親兄弟たりと云ふ共、一言も為二申聞一間敷候。並御尋被レ成候儀、何事ニ而も存寄之儀、他ヲ不レ憚有様可二申上一事。

一　親兄弟之儀ハ不レ及レ申、身之上之事成共御為つくニ存替、少も依怙贔屓私仕間敷候。

一　好身由緒なくして御家中侍并御領分出家社人山伏百姓等より、音信物一切請申間敷候。但、好身有レ之候而請申候へ共、心中ニ義理ヲ糺、少も非義非法之様ニ存候ハヽ、請申間敷候。次ニ在々百姓共より妻子へ音物(信脱カ)、親類之外ハ一切取らせ申間敷候事。

一　好身由緒なくして御領分之者より音信物一切受申間敷候。好身由緒之者たり共、取次之音信物堅請申間敷候事。附、手代并下々共ニ、手前同前ニ可二申付一事。(以下略)

この郡奉行の姿勢は、その下にあって郡政を補佐し、より密接に領民と接する手代に対しても同様に求められたことは勿論である。そのため、手代たちも貞享元年（一六八四）十一月、次のような起請文を提出した。(5)

一　御役義ニ付、被二仰出一候御法度之趣堅相守リ、不レ依二何事一御後闇キ儀仕間敷事。

一　在々御仕置等之儀ハ勿論、御隠密之儀被二仰聞一又ハ及レ見及レ承候儀成共、御指図以前他人ハ不レ及レ申親子兄弟たり共一切他見他言仕間敷候事。

一　御扱所御殿付ハ不レ及二申上一、諸浮役并新田場山野諸普請等之義ニ付、御損益之義存寄申候ハヽ、御内意可二申上一候。御為ニ存替、他人ハ不レ及レ申親子兄弟身之上之義ニ而も、依怙贔屓私之儀仕間敷候。たとへ已前より其所ニ有来義なり共、不相応ニ奉レ存候ハヽ、屹ト申出有様ニ御相談可レ仕候。雖レ為二先例一不レ宜儀ニ存候ハヽ、早速可二申出一事。（中略）

一　好身由緒なくして御扱所出家社人山伏百姓町人等より、音信もの一切請申間敷候。妻子下人等江も手前同前ニ可二申付一事。縦令ハ扱所之外たりと云共、御役義ニ便候而之義ニ御座候ハヽ、音信借物預り物等不レ仕、御扱所同前ニ相心得可レ申事。

一　郷村へ常々御用ニ而罷出候時分并小検見立合ニ罷出候時分も、御定之通朝夕之食物之外振舞ケ間敷義一切受申間敷候。野菜等も其品耕作ニ仕候ものハ不レ苦、百姓代物を出シ物調候もの為レ出申間敷候。但、其所ニ而猟をも仕候ハヽ、軽キ下直成魚類等出候事ハ不レ苦。其外様子能魚類一切請申間敷事。

但、百姓雖レ為二手酒一、振舞申請間敷候。不レ依レ何手前より出銭候而、調被レ下候義は格別。

（以下略）

これらの郡奉行、手代等の起請文は、それぞれの任務を更に具体的に示していて、清廉にして公正な民政担当を目指す姿勢を浮かび上がらせてくれるものでもある。

二　藩草創期から寛政十年まで

この時期の郡制は未整備であったため、城代家老芦澤伊賀のような最上級の役人までが民政までも担当し、下役として代官職が置かれていた。慶長十五年（一六一〇）の「鳥子村年貢割付之写」[6]には芦澤伊賀の下に田中助右衛門、佐野平右衛門、星野縫殿之丞、大森作兵衛、佐野弥次衛門、広瀬甚右衛門、鈴木金太夫、新家忠右衛門らが記されている。『水戸紀年』[7]には元和元年（一六一五）「始テ代官ヲ置セラル」とある。

郡奉行については、「郡奉行年表」（小宮山楓軒著）では元和七年（一六二一）に初めて河村恵左衛門、近藤次郎左衛門、熊沢半左衛門の三名が出てくる。寛永八年（一六三一）では「郡奉行年表」に「佐野七兵衛（北）、野沢太郎左衛門（北）、小松次左衛門（南）、跡部太郎兵衛（南）、荻庄左衛門、河村仁左衛門、六人ニテ組合三郡南北中」とある。その後寛永二十年（一六四三）頃までは、南北中三郡を三名から四名の郡奉行で担当していた。

その後正保元年（一六四四）に郡奉行の大幅な交代があり、この頃には一郡を二名の郡奉行が担当していた。(8) その上「郡奉行年表」の正保二年には岡村太左衛門に「太」、長瀬半兵衛に「松岡」とあり、正保四年には「中」の表記がある。また承応元年（一六五二）の鈴木彦四郎、矢須五左衛門の両名には「野」、楠七平、鹿島長兵衛の両名には「武」とあることから、この頃には南北中三郡からさらに太田、武茂、南、松岡、野々上の郡分けが出てきたと考えられる。この中で、「武茂」は現在の馬頭町を流れている武茂川にその名が残っており、「松岡」は高萩市内にあり、「野々上」は古代の「野々上郷」の存在からその名が出ているものと思われる。

『水戸紀年』の元禄二年（一六八九）八月の項には「南武茂二管ト松岡太田二管ト田作検見邪正異同アリテ一定セス、諸有司ニ命シテ建議セシム」とあって太田・武茂・松岡・太田の四郡であったと思われるが、これは元禄十四年（一七〇一）に野々上が復活して五郡に戻るまで続いた。(9) また、寛文十二年（一六七二）からは代官を転じて郡奉行見習が置かれることとなり、この見習がやがて奉行に登用されていくコースが出来上がるのである。（表1）さらに『水戸紀年』によると、松並勘十郎の宝永の改革が行われていた宝永四年（一七〇七）六月、三郡制、代官三人、大代官二人が置かれたが、翌五年には郡奉行三人を罷めて郡代二人が置かれるなど混迷が続いた。

しかし、宝永の改革が失敗したことから郡制も落ち着きを見せた。『水戸紀年』には宝暦元年（一

表1　4郡奉行名

	武　茂	南	松　岡	太　田
寛文9（1669）	河又久左衛門	平賀勘右衛門外 平賀勘右衛門	岡見弥次衛門	小湊喜左衛門
延宝1（1673）	平戸才兵衛	平賀勘十郎	〃	〃
〃　3（1675）	12.28 平戸才兵衛	〃	〃	12.25 大井武兵衛
〃　4（1676）	〃	〃	〃	大井武兵衛
〃　7（1679）	〃	9.16 平賀勘十郎	9.16 岡見次兵衛	〃
天和2（1682）	〃	3.27 坍和庄兵衛	〃	〃
貞享2（1685）	坍和庄兵衛	平戸左兵衛	〃	〃
〃　3（1686）	〃	11.18 鮎沢伊太夫	2.4 大井武兵衛	岡見次兵衛
〃　4（1687）	〃	〃	〃	6.14 鷲尾角之允
元禄4（1691）	11.19 林十左衛門	〃	〃	〃
〃　7（1694）	〃	〃	1.11 関口九郎次郎	〃
〃　14（1701）	3.10 朝比奈作兵衛	〃	〃	〃

（空いている年次は、同一人物が継続任務である。以下の表同じ）

七五二）正月二十八日に「五郡（表2）六代官ヲ罷テ四郡五代官トス」とあり、「郡奉行年表」のこの年の項に「野々上減ス」とあることから「野々上組」が廃止されたことがわかる。

ところで、この四郡制に改められたことについて、『水戸紀年』寛延二年（一七四九）四月二十九日の条には「郡邑政事ノ沙汰数十条ヲ命ゼラル。コレヲ旧弊改革ト称ス」とあり、八月十一日には、

公自書シテ士林ヲ諭シ玉フ。我幼年ニシテ家ヲ承キ、備前守以下執政ノモノ政事疎漏ノミ多シ。吏人其器ヲ得ス。士家其弊ヲ受テ上ニ諂ヒ、朋ニ信ナシ。奢侈柔弱ノ士多

表2　宝永6年～寛延2年の5郡奉行名

	武茂	南	松岡	太田（保内）	野々上
宝永6（1709）	2.7 鶴見義兵衛	2.5 原忠衛門	2.5 中西東介	3.8 塙清左衛門	4.23 三宅十右衛門
〃 7（1710）	〃	1.11 加治伝兵衛	1.11 小室新六	〃	8.18 小川喜平太
享保1（1716）	〃	3.28 小川喜平太	〃	3.28 三宅十右衛門	塙清左衛門
〃 3（1718）	〃	〃	〃	〃	5.28 小田倉六左衛門
〃 6（1721）	〃	〃	三宅十右衛門	小田倉六左衛門	小宅新六
〃 9（1724）	6.11 小野崎左介	〃	〃	〃	6.11 大井武兵衛
〃 11（1726）	〃	〃	9.21 穂坂市九郎	〃	〃
〃 14（1729）	〃	8.10 篠本唯衛門	〃	〃	〃
〃 15（1730）	3.7 松岡彦内	〃	〃	3.7 小野崎左介	7.8 斉藤新六
〃 17（1732）	〃	6.23 入江庄助	6.8 小幡又左衛門	〃	〃
元文1（1736）	〃	〃	〃	〃	1.27 山内善左衛門
〃 4（1739）	（　?　）	2.28 筧久蔵	〃	〃	〃
〃 5（1740）	壬7.18 福田林平	3.18 佐藤平衛門	〃	〃	〃
寛保2（1742）	〃	〃	1.28 青木源三郎	〃	〃
〃 3（1743）	〃	〃	〃	1.13 岡部伊左衛門	〃
延享3（1746）	〃	〃	〃	〃	3.28 川又伝五兵衛
〃 4（1747）	岡部伊左衛門	7.3 三橋新六	〃	福田林平	〃
寛延2（1749）	7.8 筧久蔵	〃	10.22 小林善左衛門	〃	〃

シト聞ユ。又其弊風自ラ農賈ニ及ヒ、国家ノ衰廃コレヨリ起レリ。今ヨリ先祖ノ法度ニ復シ、吏人諸臣ノ黜陟少モ緩フスヘカラス。

と、藩主宗翰自らが家臣を教諭している。このような士風の刷新令や農政の改革令が背景にあり、弊風の刷新や農村の振興のためにも郡制の改革が行なわれたのであった。

これによって翌寛延三年に再び郡代が置かれ、大

表3　宝暦1年～寛政10年の郡奉行名

	武茂	南	松岡	太田
宝暦1（1751）	1.28 渡辺与次衛門	1.28 中主仁左衛門	1.28 小野崎左介	小林善左衛門
宝暦4（1754）	小野崎左介	9.1 山内善之衛門	渡辺与次衛門	〃
宝暦5（1755）	5.28 福田儀助	〃	〃	〃
宝暦8（1758）	山内善之衛門	福田儀助	〃	〃
宝暦9（1759）	〃	〃	壬7.29 久方忠衛門	〃
宝暦10（1760）	3.28 藤咲小衛門	〃	〃	〃
宝暦11（1761）	8.28 高倉文次	〃	〃	2.13 千葉権平
明和1（1764）	8.9 菊地庄之衛門	〃	12.18 佐々木政衛門	高倉文次
明和3（1766）	4.13 蔭山三郎介	2.13 弓削左内 12.8 青木源三郎	〃	4.13 菊地庄之衛門
明和4（1767）	〃	〃	12.10 中主仁左衛門	12.10 佐々木政衛門
明和8（1771）	10.4 吉村奥右衛門	〃	〃	10.4 蔭山三郎介
安永1（1772）	〃	1.3 弓削左内	〃	〃
安永2（1773）	〃	〃	8.16 皆川弥六	8.16 中主仁左衛門
安永7（1778）	7.19 久方忠衛門	11.26 菊地庄之衛門	7.19 鈴木伴衛門	7.19 皆川弥六
安永8（1779）	〃	〃	8.12 筧助次郎	〃
安永9（1780）	〃	9.13 岡村弥左衛門	〃	〃
天明1（1781）	〃	2.6 鈴木伴衛門	〃	〃
天明2（1782）	4.19 岡野銀次郎	〃	〃	〃
天明3（1783）	〃	〃	〃	4.4 岡村弥左衛門
天明4（1784）	〃	10.24 久方忠衛門	〃	〃
天明8（1788）	6.4 皆川弥六	〃	〃	〃
寛政3（1791）	〃	〃	2.26 雨宮又衛門	〃
寛政6（1794）	〃	4.29 雨宮又衛門	下河辺津太夫	〃
寛政9（1797）	壬7.24 吉田土佐兵衛	壬7.24 古川吉郎衛門	〃	〃
寛政10（1798）	〃	〃	〃	〃

場将景が任命された。さらに民間の有力者から勧農役が選任され、郡代―郡奉行・代官―勧農役―庄屋―一般農民の支配系統が成立したのである。しかし、この制度も十分な効果を上げることなく、五年後の宝暦五年（一七五五）には郡代は廃止されているが、この四郡制は寛政十年（一七九八）まで続

いた。（表3）

註

（1）『茨城県史料』幕末編Ⅰ「楓軒先生密策上」三四九頁。
（2）『水府地理温故録』・『田制考証』・『水戸市史』中巻一。
（3）『水城金鑑』16（水戸市史編さん委員会）五頁。
（4）『茨城県史料』近世政治編Ⅰ　一二五頁～一二六頁。
（5）同前　一四五頁～一四六頁。
（6）『近世地方経済史料』巻八（吉川弘文館）。
（7）『茨城県史料』近世政治編Ⅰ所収、以後『水戸紀年』はすべてこれを用いた。
（8）『田制考証』「役名相続志御郡奉行」。
（9）この郡分けについて『水府地理温故録』元禄十六年には「保内領御郡下」とあるが、「郡奉行年表」の正徳四年（一七一四）に「保内組改太田組」とあることから、時に太田に代わって「保内」も使用されていたことが分かる。

三　陣屋制

陣屋制は寛政十二年（一八〇〇）から天保元年（一八三〇）まで続いた。ところで、寛政期になると天明の飢饉の影響等もあって農村の疲弊は増大した。しかも、藩の蔵入地は代官が取り扱うため郡奉行の支配が徹底せず、また郡奉行の支配領域も広範な上に郡奉行の屋敷（役所）が城下にあり、郡方手代らも城下から村々へ出張するため農政にも徹底を欠いた。農民も手代らへの賄いや、自身の城下役所への往復日数や旅費なども大きな負担となっていた。このため、更に改革が必要とされていた。(1)

まず寛政十一年（一七九九）八月に代官制を廃止して郡奉行一本とし、翌十二年二月には新設の八田、紅葉両組（郡）に郡奉行任地在勤制を採り入れ、「郡宰と議して郡政を処断する」郡代が再び置かれることとなった。これについて『水戸紀年』は、後の郡奉行の増員と合わせて「公（治保）の卓見」とし、「是ヨリ政弊一変ス」と称えている。(2)

この時登用された郡代は興津良明（武茂組扱）、小山秀晴（太田組扱）、野中重薫（南組扱）、大田原為政（松岡組扱）、朝比奈泰宣（八田組・紅葉組扱）の五名であった。

こうして郡分けも実施され、郡奉行の役所もそれまでの自分の屋敷から田見小路に新設して、郡奉行間の意志の疎通を容易にしたうえ、民情にも通じるように各地へ土着もさせたのである。即ち寛政十二年（一八〇〇）一月に南組の一部を割いて南野合組として小宮山楓軒を任命し、武茂組の一部は武茂野々上組として高野昌碩を任命した。（この二組は同年七月には陣屋の置かれた地名を以て紅葉組、八田組と改称された。）(3)

さらに郡分けについては、従来の四郡名（武茂・南・松岡・太田）を残そうとの意見もあったが、享和元年（一八〇一）十一月に南郡を増井組（石川儀兵衛）、浜田組（太田長兵衛）に、翌享和二年には武茂郡を常葉組（長尾左太夫）、鷲子組（小山田郡平）とした。また松岡組は安良川組（小原忠次郎）、小菅組（岡野荘五郎）、石神組（岡山次郎左衛門）と三分し、太田組は大里組（入江忠八郎）、大子組（増子幸八郎）と二分し、合わせて十一郡とした。それらの役所は浜田組、常葉組を城下田見小路官舎とし、他は各任地へ役所を建て、組名も紅葉・八田と同様陣屋設置地名を以て組名としたのである。（表4）

この郡奉行任地在勤制については、『水戸市史』で解説されている。要約すると以下のようである。(4)

農政論者であった高倉胤明（逸齋）は、この郡制改革は肥後（熊本）細川藩の堀平太左衛門（勝名）が行なって実績を上げた仕法をまねたふしがあり、高野昌碩（文助）の立案である郡奉行任地在勤制にしても、今後の成り行きはおぼつかないと批判的であった。

高野は医師であり、高倉と同じ農政論者でもあるが、寛政十一年（一七九九）六月の建議書『富強六略』の中で、任地在勤制推進の理由として、第一に郡奉行が任地に在勤し、手代共も郷村に同居すれば当地の利害、農作物の豊凶も居ながらにして分かる。第二に役人が管轄の村々を廻るにしても城下からではないために人馬の費用が省け、滞在日数の短縮、役人の出張不要などによる村入用が節約出来る。第三に郷村の取締が徹底することなどをあげている。

また、『水戸紀年』(5)によると藩主治保（文公）もこの制度を積極的に採用したことが窺える。

公ノ卓見、代官ヲ罷テ郡奉行ノ員ヲ増ヤシテ十人トス。二人ハ府下、八人ハ郡郷ニ土着セシメ、高

文化 10（1813）	文化 12（1815）	文化 13（1816）	文化 14（1817）	文政 1（1818）	文政 2（1819）	文政 3（1820）	文政 6（1823）	文政 11（1828）	天保 1（1830）
		5.24（廃止）							
				6.9 佐々木彦吉		6.19 梶清次衛門			3.4 友部好生
8.19（廃止）									
		7.29 友部好生				6.19 井坂九左衛門			4.29 藤田東湖
		5.13（廃止）	1.13（復活） 加藤伝九郎		9.29 富田源五郎	6.19 小林市衛門			4.24 吉成又右衛門
8.19 池原勝三	9.15（廃止）								
						6.19 小田与三郎			4月 会沢正志斎
8.19 松平権蔵			10.24 酒井市之允	9.9 田丸稲之衛門		6.19 吉村伝衛門			3.4 田丸稲之衛門
						6.19 鈴木与左衛門		7.16 児玉園衛門	3.29 川瀬七郎衛門
		5.24 山口頼母				6.19 大関恒衛門	12.14 高橋彦太夫		4.24 山口頼母

野文助ハ医生ヨリ挙ケ、加藤孫三郎ハ善衛門子ニテ総《(惣)》領ヨリ召出サレ郡奉行ニナシ玉フ。代官ハ年貢収納、郡奉行ハ政事ト両端ニナリ、民ノ為ニ便宜ナラス。又土着ナレハ民情モ通スヘシトノ尊慮ナルヘシ。

その後この十一郡制は、享和三年（一八〇三）一月の水戸藩附家老中山氏の知行地集結策によって安良川組が廃止され、さらに文化十年（一八一三）八月に増井組が廃止されて常葉組に編入となり、同十二年九月には鷲子組も廃止されて八田組に編入となった。また、同十三年五月には小菅組、大子組の廃止も決定されたが、大子組の廃止は不便さが大きくなるとして同十四年一月に存続が決まり、小菅組のみが廃止となって太田組に編入された。明らかな理由を示す史料は見出していないが、あまりの細分化は却って不都合を生じていたのであろうか。この七郡制は

表4　11郡から7郡

	享和2 (1802)	享和3 (1803)	文化1 (1804)	文化2 (1805)	文化3 (1806)	文化5 (1808)	文化7 (1810)	文化8 (1811)	文化9 (1812)
小菅	岡野荘五郎	→	→	→	→	→	→	6.4 山口頼母	→
安良川	小原忠次郎	1.13 (廃止)							
石神	岡山次郎兵衛	→	→	4.14 加藤孫三郎	→	→	→	→	7.21 川瀬七郎衛門
増井	石川儀兵衛	→	→	→	→	→	→	→	2.16 池原勝三
八田	高野文助 (白石又右衛門)	白石	→	→	→	→	→	→	2.16 石川儀兵衛
大子	増子幸八郎	→	→	→	→	→	→	→	→
鷲子	小山田郡平 (皆川弥六)	皆川	→	→	→	→	3.9 松平権蔵	→	→
常葉	長尾左大夫	→	1.22 小原忠次郎	→	→	→	→	6.4 岡野荘五郎	→
浜田	太田長兵衛	→	→	→	6.24 伊藤造酒衛門	10.14 藤田幽谷	→	→	8.4 戸田三衛門
紅葉	小宮山昌秀	→	→	→	→	→	→	→	→
大里	入江忠八郎	→	→	→	→	→	→	→	12.14 高橋市之平

天保二年（一八三一）一月の四郡制採用まで続いた。

ただ、この任地在勤制中の文政三年（一八二〇）六月十九日、郡奉行七名が一斉に転任させられて『水戸紀年』にも「政体大ニ変ス」[6]と特記された事件、『楓軒年録』にも楓軒の孫南梁の頭注として「是ハ郷士御取立ニナルヘキトノコトヲ、郡宰一同不可ナリトテ肯セサリシニ付、七郡ノ奉行一時ニ皆転セラレシナリ。金ヲ以テ官爵ヲ売ル、決シテアルマシキコトト、先生常ニ云ハレシハ此コトナリ」[7]あり、楓軒ら郡奉行が献金郷士採用に反対したためと言われている。

註

（1）この弊害については、高野昌碩の「富強六略」（『日本経済大典』14）に述べられている。また、十郡制の批判は藤田幽谷の「郡中利害封事」（『近世地方経済史料』第三巻）がある。
（2）・（5）『茨城県史料』近世政治編Ⅰ　六〇四頁。
（3）同前　一四一頁。
（4）『水戸市史』中巻（二）　五八七頁。なお、高倉の意見は『水府地理温故録』の「田見小路」の項、肥後藩の件は亀井道載著「肥後物語」、大内玉江の意見は著書「精慎録」（後出二件は茨城県立歴史館寄託）
（6）『茨城県史料』近世政治編Ⅰ　六二八頁。
（7）「楓軒年録」23（国立国会図書館蔵）。

四　天保期以降

文政十三年、徳川斉昭が第九代藩主に就任して天保の改革が始まった。天保元年の郡奉行一新もその一つである。この背景としては、留守居物頭であった小宮山楓軒が、当時の弊風の根源は賄賂政治にあり、その中心は執政榊原淡路守・赤林八郎左衛門であるからこの両名を除くことが改革の第一である。郡奉行も民の害をなし役立たない人物、例えば石神組の梶清次衛門・浜田組の吉村伝衛門・紅葉組の児玉園衛門・大子組の小林宇兵衛（市衛門カ）などは早速除くべきである。参政の中から郷村懸を任命して郡奉行を選ばせ、郡奉行の失政は自分の失政となる体制を築けば、郷村懸となった参政も力を入れて民政の弊風改革に当たるであろうと提言していたこともその一つであった。(1)

天保元年（一八三〇）三月四日、新任の郡奉行には楓軒の期待していた田丸稲之衛門（浜田組）、友部好生（石神組）が就任した。楓軒としては、大里組に山口頼母、紅葉組に石川茂兵衛、大子組に海野仙蔵を考え、御徒目付住谷七之允を候補としていた。結果は山口の再勤が実現したが、楓軒が「彼人ニは事を破るの才に長し、事を成すの慮薄く御座候」(2)と評した川瀬七郎衛門をはじめ、会沢正志斎・藤田東湖・吉成信貞ら藤田幽谷門下が登用され、郷村懸の設置も採用とならなかった。

天保二年（一八三一）一月に陣屋制を廃止すると共に四郡制を復活させたことも大変革であった。小宮山楓軒は、これらの改革について「此人々（藤田幽谷派）すへて事を破候義を好候故、御陣屋破却之説も大方は此輩より出申候哉と存じ候」(3)として、藤田派の主張であろうと推論している。藤田東湖は、その著『常陸帯』の中の「御世の初執政其他職々進退し給ふ事」の川瀬の人物評の箇所で、「郡制を四郡に復せしは、この人の建議せし事」(4)と明言している。陣屋制廃止や四郡制の利害について、新任郡奉行らの意見は次のようである。(5)

・旧弊一新のため、「総郡一手」の方法として陣屋を廃止し、城下詰めとして綿密な打ち合わせをする必要がある。
・陣屋詰めの手代衆は増長して郡奉行を無視し、扱い村々への縁故から公平さを欠きやすくなる。
・城下及び各陣屋間の御用文書配付に却って人夫や費用が増加した。
・陣屋詰め人数の不足から、公金保管に不安がある。

・陣屋廃止後は博徒は弛む恐れはあるが、厳罰を科することで防止できる。

一方、陣屋制廃止への反対論は、楓軒に師事し、自らも郡方役人として楓軒を助けた大内正敬がいる。大内は、「郡制論」(6)の中で、

猶を郷中に陣屋を立、手繁く村々里々に立入り、人情を察し隠匿を捜り、子育、勧農、博奕、制布みな役所にて世話ありし故、これを行ふ僅に十年、政令遍く行届て農民日々富庶に進み、隣国挙てこれを仰ぎ来て法を取る者ありて、紀綱大に振れんことは皆人よく知る所……四郡を府下（城下）の一所に集め、相助けて行かんとするも、中々届く所にあらず。其の下民の苦しむことは、宝暦以後にも増加すべきか云々。

と述べて、水戸城下へ役所を集めることに反対している。斉昭の鷹犬掛として仕え、民政上の意見を述べている落合作兵衛も、便利の良い郷村に役所を建てて民意を知ることを根本とし、陣屋制と十一郡制を主張している。このように、陣屋制と四郡制については賛成反対両論が流布して人心は落ち着かず、不安な日々を送っていたと楓軒は鵜殿宛書簡（天保元年閏三月三日付）で訴えている。(7)

また、反対する楓軒は、同じ鵜殿宛の書簡の中で、具体的状況として秋葉村大山守秋葉友衛門の意見として、

先四郡之時、諸御用之配符次候人歩又御用往来之人馬多く、小村人別少く御坐候間、農業仕隙無ㇾ之、又役人共御城下出之指銭も過分相かかり候故、次第ニ衰へ申候而、つぶれ候も及可ㇾ申候所、

御陣屋御立以来、其患なく是迄相つつき申し候。此人馬減候事は、御城下勤にてハ如何成る御人にても出来間敷奉レ存候。且、此度御払之御宝山跡植立候も、御陣屋無レ之候而は不二相届一、空原ニ仕置候外無レ之候間、よもや御陣屋御止ハ有レ之間敷奉レ存候へ共、先日頃之沙汰ニ而は大ニ苦候心仕へ共、友部様ニ而大安堵と申聞候。(8)

と述べ、陣屋制の利点を挙げている。

さらに同月九日付け書簡でも、

只今ハ御陣屋有レ之間、何程弊政中ニ居候迚も博徒其外之悪者我儘仕候義ハ決而不二罷成一候。御陣屋御止メニ罷成候ハヽ、悪者一時ニ発起可レ仕候。且、手代衆へ賄賂も御陣屋ニ而はまさか憚候所有レ之候。御城下面々之宅ニ候へは、少しも遠慮ハ無二御坐一候間、先四郡之時同様ニ罷成候は指見ニ而、可レ嘆之甚敷ニ御坐候。(9)

と述べて、陣屋制廃止による博徒の横行、手代への賄賂の復活は必至であろうと懸念を表明している。

しかし、楓軒が最も強調した点は、自らが二十余年にわたって郡政に尽力し大きな成果を挙げた自信もあって、郡奉行の人物を問題としたところである。南郡の秋葉友衛門が、石神組の郡奉行に決まった友部好生を称えていることについて、「友部抔ノ如き良有司出申候へは、他扱迄相信候事如レ此ニ御坐候」(10)とし、また「すへて農政之事ハ郡奉行之人物次第ニ付、御陣屋御城下之差別ハ無レ之候」(11)と述べているのがそれである。楓軒としては、陣屋制如何ではなく、要は人材を得ることが肝要であるとし

表5　4郡奉行名

	松岡（東）	武茂（西）	南	太田（北）
天保二（一八三一）	一・一一 吉成又右衛門	一・一一 石河徳五郎	一・一一 川瀬七郎衛門	一・一一 藤田虎之介
三（一八三二）	一二・九 山中市郎衛門	〃	一二・九 吉成又右衛門	五・二九 鈴木庄蔵
六（一八三五）	五・二 会沢清衛門	七・一九 海野泉蔵	〃	〃
九（一八三八）	〃	一一・一四 金子孫二郎	〃	〃
一〇（一八三九）	一一・二七 桑原毅太郎	〃	〃	〃
一三（一八四二）	八・一一 村田理介	〃	〃	〃
一四（一八四三）	〃	〃	〃	九・二六 石川徳五郎
弘化二（一八四五）	二・二四 生駒貞幹	一・二四 今井新平	九・一五 生駒貞幹	二・四 海野泉蔵
	九・一五 松平信循	八・一四 河津楠内	〃	〃
三（一八四六）	〃	〃	四・四 尾羽平蔵	四・四 谷田部雲八
四（一八四七）	二・二三 青木又四郎	〃	〃	〃
嘉永一（一八四八）	五・一四 鯉渕明善	〃	〃	〃
二（一八四九）	〃	〃	〃	四・四 桜井小三郎
五（一八五二）	三・三 渡辺半六	〃	〃	〃
六（一八五三）	〃	〃	九・四 金子孫二郎	〃
安政一（一八五四）	一・一二 村田理介	六・九 太田甚太夫	〃	〃

たのである。

　ただ、この時期は財政的にも不安があったことから、二、三年後に斉昭の帰国を実現させ、人心も落ち着いた頃合いを見て得失をよく考え、その上で改正をすればよいとしたのであり、陣屋制廃止には全く反対ではなかったのである。

　藩主斉昭は、天保元年（一八三〇）七月二十三日、郡奉行の友部好生、山口正徳、田丸直諒を、同年十月二十一日には川瀬教徳、会沢安、藤田彪、吉成信貞をそれぞれ江戸に招き郡制を協議した。その結果、十一月に郡制改正が決定され、翌二年正月十一日付で次のように達せられた(12)。

　此度、思召を以て御郡方四郡に御復、御陣屋不レ残御止、御城下役所に被レ遊候条、小分以前之通相心得、万端御摸通宜様可二取扱一旨被二仰出一者也。

二（一八五五）	〃	〃	〃	五月 高橋多一郎
				一〇月 野村鼎実
六（一八五九）	一二・一二 矢野唯之允	八・一五 石河竹之介	〃	〃
万延一（一八六〇）	〃	三・一四 太田直蔵	〃	一・二九 石川伝蔵
文久一（一八六一）	六・一一 小田部幸吉	〃	五・二一 矢野唯之允	八・一二 荻清衛門
三（一八六三）	〃	九・四 真木景嗣	〃	六・二四 村田理介
元治一（一八六四）	八・一九 石川新吉	七・二七 松崎新介	四・四 新井源八郎	七・三〇 児玉園衛門
	一二月 菊地善左衛門	九・三 北河原景命	八・一九 石河幹次郎	一〇・一〇 鯉渕幸蔵
慶応一（一八六五）	三・二八 八小宮山南梁	四・五 大岩伴次郎	六月 鯉渕幸蔵	六月 岡野庄七郎
二（一八六六）	〃	七月 大関族之介	〃	〃
三（一八六七）	三・一 三宅重衛門	〃	三・一 小室善兵衛	〃
明治一（一八六八）	鮎沢国維	三・一七 立花源太郎	一二・一七 矢野唯之允	三・二一 石川伝蔵
	一二月 岩間金平			
二（一八六九）	（加治権三郎）	一二・一七 市川養四郎	一二・一七 新井重左衛門	〃
	服部潤次郎	〃	〃	〃
三（一八七〇）	（一一月三日民事掛を置き、野口部、大子部、常葉部、大宮部、太田部、大久保部、玉造部の七部を設置する）			

（川瀬）七郎衛門は　南　扱
（藤田）虎之介　は　太田扱
（吉成）又右衛門は　松岡扱
（石河）徳五郎　は　武茂扱

なお、これら郡奉行の役料は物成百石を下され、役所は太田、松岡二郡は田見小路、南、武茂二郡は上梅香鳥居瀬兵衛上ケ屋敷跡へ新設した。また、四郡の呼称は天保十一年（一八四〇）九月に改定されて、太田は北、武茂は西、松岡は東扱いとなって東西南北の四郡称となり、これは明治三年（一八七〇）十一月まで続いた。その間の四郡の郡奉行は表5である。

註

（1）「楓軒先生密策上」（『茨城県史料』幕末編

Ⅰ　三三三頁～三三四頁、三三六頁、三四二頁）。
（2）・（3）同前　三四〇頁。
（4）『新訂東湖全集』　七二頁。
（5）『水戸藩史料』別記上　三六五頁～三六一頁。
（6）『水戸藩産業史研究会会報』第二輯「烈公の郡制改革に対する異論」　九頁。
（7）・（8）・（9）・（10）・（11）「楓軒先生密策上」（『茨城県史料』幕末編Ⅰ　三四八頁～三四九頁）。
（12）『水戸藩史料』別記上　三六四頁。

五　郡奉行役所と陣屋

郡奉行が任地在勤となる陣屋制は、寛政十二年（一八〇〇）正月であることは既述した。要は、六代藩主治保が襲封以来「君は民ノ父母ナレバ、何卒百姓共ノ困窮セヌヤフニ致度モノニ兼々存ル也」(1)と言い、「農民撫育ノ義ハ国政ノ第一ニテ、縦令豊饒ニ有レ之候テモ重キ取扱ニ有レ之云々」(2)と言って農政を重視したことが背景となっている。更に寛政元年（一七八九）には一郡一役所切扱いとして、陣屋制の伏線としている。即ち、郡奉行役所は、従来は役宅と称して個人の家で執務していたのであるが、

寛政十一年（一七九九）八月、

一　各役所之義、上町ハ田見御殿地へ出来、南、武茂扱役所ニ相成候。

一　下町（水門町）ハ、武藤一学（林衛門）跡屋敷、太田、松岡扱役所ニ相成候。(3)

と達しがあり、田見小路と水門町の二箇所案が打ち出されたが、結果的には田見小路一箇所にまとめられた。

この時、合わせて勤務についても次のように通達された。(4)

一　各々ハ日々四ツ時（午前十時）より罷出役所へ相詰御用向相達、八ツ時（午後二時）ニ相引跡御用一ト通之儀ハ内元〆共之了簡ニ而取斗、重立候事ハ各へ為二申出一指図可レ被レ致候。

　但、毎月四九之寄合日ハ、是迄之通御城へ可レ被二相詰一候。

このため、領民の役所への御用向きについても、毎月の四、九日を除いて八ツ時までに出向き、納入金についても四ツ時から八ツ時までの間に限定されたのである。

この田見小路役所完成について、寛政十一年十二月の久野瀬村（大子町）では次のように触れられている。(5)

　以書付申触候

四御郡方御役所、此度田見小路御役家出来引移候条、其旨相心得御用向指懸リ候外、相成丈ケハ昼八ツ時迄ニ罷出候様可レ致候。尤遠郷ニより日帰り等之村方ニてハ、刻限過ニ相成無レ故逗留致候類ニてハ村方傷ニ相成候ニ付、品ニより取請候義も有レ之候条、其旨可二相心得一候。以上。

十二月六日

その後寛政十二年二月、新たに郡奉行に任命されていた小宮山楓軒、高野昌碩の両名は、「御城下住居ニ而ハ存分之下知も不㆓行届㆒事ニ付、扱下之郷宅ニ而可㆑被㆓相勤㆒事」(6)として郷宅勤務を命ぜられ、更に、

但、支配手代共も郷住居可㆑被㆓申付㆒事

一　役家御建可㆑被㆓下置㆒候土地ヲ見立、家作等可㆑被㆓申付㆒事。

一　扱下之内より役夫両三人ツツ役家へ為㆓相詰㆒、郷仕とも二可㆑被㆓召使㆒事。

一　鉄砲壱挺玉薬共、御幕一対並渋紙其筋より可㆓相渡㆒候間、可㆑被㆓相請取㆒事。

但、高張提灯自分ニ而出来、指置候様可㆑被㆓取扱㆒事。(7)

と付け加えられ、郡方手代の郷宅住まい、役宅建築、役夫採用等が指図された。

こうして、享和二年（一八〇二）には十一郡となり、浜田・常葉両組が田見小路役所詰となった外は九郡が各村陣屋（同年二月に、役家は何組陣屋と唱えることとなった）へ移ったのである。この陣屋制によって、各郡の意思の疎通を図るために、同年十一月次のように達しがあった。(8)

十一郡ニ御引分ケ九ケ所御陣屋へ引移候ニ付而ハ、御奉行衆等より御懸之御用向有㆑之節急々判談も相届兼候ニ付、以来正月、七月、十月之比調役召連出府之上一同相談いたし、若右期月ニ而ハ延引ニも可㆓相成㆒節ハ、御達之上銘々存寄之趣書付ニ認、壱人切封印ニ而指出申度旨伺之通相済候。

これによって、郡奉行衆の全体の協議が正月、七月、十月と定期的に実施され、その他は随時封書による連絡がなされることとなった。

註

（1）『茨城県史料』近世政治編Ⅰ　五八四頁。
（2）同前　五六八頁。
（3）・（4）同前　一三九頁〜一四〇頁。
（5）『大子町史』資料編上巻　二三八頁。
（6）・（7）『茨城県史料』近世政治編Ⅰ　一四一頁。
（8）同前　一四二頁。

六　陣屋の実態

次に、各陣屋について述べてみる。

（1）紅葉陣屋

ここは小宮山楓軒がはじめに赴任している。『水府志料』(1)では「陣屋古別館の地にあり。享和元辛未の春、新に陣屋を作りて水戸殿郡奉行の治所とせらる。即今の紅葉組なり」とある。この古別館とは、初代藩主徳川頼房が造営した休息所である。ここに享和元年（一八〇一）春に陣屋が建てられたのであるが、文化四年（一八〇七）三月十三日の火災で焼失してしまった。このため、藩では一僻村の紅葉から水運の要所でもある小川に移す案が示されたが、楓軒は「コノ僻村窮地ニ在テ小民共ニ敬レテ身ノ程ヲ見スカサレザル、コレ政ノ一術也。官府ヲ小川へ移スコトハ、一旦ノ便利ナレトモ長久ノ策ニ非ス」(2)と反対した。これが受け入れられて紅葉村に再建されたが、位置は移動された。『水戸紀年』に、

紅葉陣屋ニ至リ玉ヒ、公（七代治紀）仰ニ、此地往古ハ誰カ居タルヤ古記ニナシヤト問ハセラル。郡宰小宮山昌秀、往古大掾一族持地四郎ト申スモノノ居館ナリト答奉ル。コレ地勢ニ因テ察シ玉ヘルナルヘシ。(3)

とあるように、その場所は中世期の土豪持地四郎居館跡である。『水府志料』は、文化二年九月に各村から提出された書き上げを整理・編修されたものであり、陣屋焼失前の記録である。藩主治紀が紅葉陣屋を上覧したのは文化六年（一八〇九）十一月十一日のこと、再建後の陣屋である。紅葉陣屋跡図（国立国会図書館蔵）には、再建後の陣屋とともに焼失前の陣屋が紅葉村の家並みの続く中に「御陣屋旧地」と記されている。

再建後の陣屋跡には、現在鉾田市の紅葉館（公民館）と楓軒が養育したと伝える楓の老樹木、および昭和十七年（一九四二）に建てられた楓軒顕彰碑が残っている。因みに、楓軒の元で郡方役人を務めた

大内正敬が天保七年（一八三六）秋七月に記した「紅葉村旧官府記」を示しておく。

紅葉村ハ常州鹿島郡ニ在リ。聞ナラク、昔シ大楓樹アリ。幹ハ牛ヲ蔽《おお》フベク枝ハ垂天ノ雲ノ如シ。霜露一タビ之ヲ染ムルトキハ、則ハチ一大紅錦空ヲ蔽ヒ、数里ノ外ニ之ヲ望メバ、緋雪紛々トシテ村巷ニ満ツ、実ニ一郷ノ良観ナリ。是ヲ以テ先君威公（頼房）、出デテ東都ニ朝スルゴトニ此ノ樹ノ下ニ憩ヒ、遂ニ別館ヲ此ニ造リ定メテ休息所ト為ス。村名蓋シ此ヨリ起ルト云フ。嗟呼《ああ》、聞ク所ノ如クンバ則ハチ紅葉村ノ紅葉樹アルハ猶オ橘社ノ橘アルガ如ク、櫟社ノ櫟アルガ如ク、ソレ一日モ闕クベケンヤ。而レドモ星霜遷移シ、此樹朽損シテ復タ継グモノナク、名アリテ実無キコト既ニ久シ矣。我ガ小宮山楓軒先生、先君文公（治保）ノ命ヲ奉ジ、来リテ官府ヲココニ創ム。南郡ヲ治スルコト二十餘年、政通ジ民和シ、人孝貞ノ心ヲ興シ、将ニ富庶ニ進マントス。先君武公（治紀）之ヲ歓喜シ、且ツ楓樹ノ亡ビシヲ惜シミ、乃チ一種ノ楓樹ヲ以テ遠ク之ヲ賜ヒテ曰ハク、是レ洛西小倉ノ産ナリ。小倉ハ此ノ樹ノ宜シキ所、古人詠歌

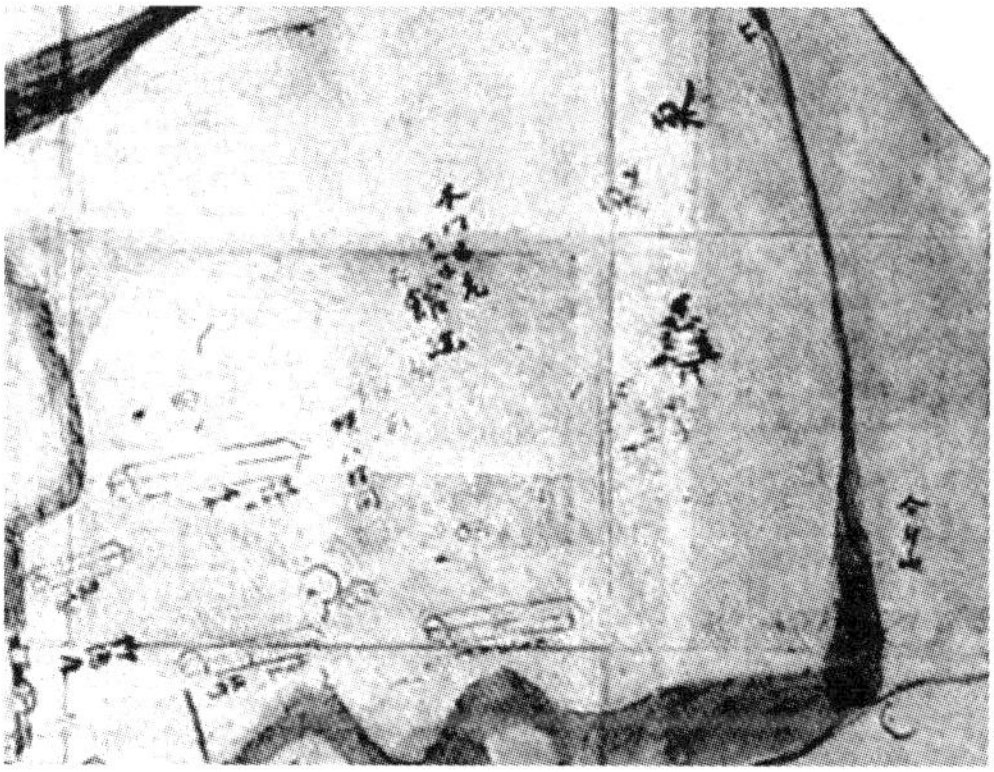

紅葉陣屋図（部分）（国立国会図書館蔵）
水戸市教育委員会発行『小宮山楓軒』より

シテ之ヲ賞ス。汝、諸《これ》ヲ其地ニ植ヱテ旧時ノ物ニ代ヘヨト。先生謹ンデ命ヲ奉ジ、手ヅカラ栽シ、手ツカラ培ヒ、風雨ヲ庇ヒ雪霜ヲ蔭ヒ、朝夕之ヲ養ヒテ措カズ、其木以テ拱トナル。先生嘗テ庁ヲ去ルノ日詩ヲ作リテ曰ク、静観天地氤氳中、万物生生化工、二十年来作何事、庭前養得一株楓ト、亦君命ニ応ズルノ意ナリ。其後チ庶政維新ニ属シ、此ノ庁ヲ毀シテ府下ニ移ス。民此ノ樹ヲ移スニ忍ビズ、官ニ請ヒテ其趾ヲ安ンジ、乃チ相戒メテ曰ク、剪《き》ル勿《なか》レ枉《かかむ》コト勿レ、是レ召公ノ甘棠ナリト（善政の証）。壇壝ヲ築キ、埒柵ヲ設ケ、其ノ政ト其ノ樹トヲ懐シムコト愈々遠クシテ愈々忘レズ。予、嚮《さき》ニ官府ニ在リテ事ニ預ルコト十有餘年ナリ。里正鈴木氏ナル者、予ニ其ノ由ヲ記センコトヲ請フ。因リテ需ニ応ズト云フ。

天保七年秋八月　　水戸　大内正敬識（『精慎録』―原漢文）(4)

(2) 八田陣屋

「水府志料」に「八田陣屋、享和元年未春、新たに陣屋を作り、水戸殿郡奉行の治所とせらる。則、八田組是なり。古館、小屋臺といふ所にあり。即、今の陣屋此所なり」とあるように、享和元年（一八〇一）春に八田村（現常陸大宮市）小屋臺の館跡に陣屋が建てられた。郡奉行となった高野昌碩は、同年八月十三日に城下の岩井家（鉄砲場にあった昌碩の妹婿岩井平八義言宅）から赴任している。(5) 現在、この陣屋跡は八田字堰の上北（大瀬戸ともいう）の平坦な高台で畑となっている。付近の玉川に架かる橋は「御陣屋橋」と呼ばれている。天保二年（一八三一）の廃止によって、建屋の一部は付近の農家に払い下げられた。

（3）増井陣屋

「水府志料」には「増井塙坪と云所にあり。享和二年壬戌夏、新に陣屋を建、水戸殿郡奉行の治所とせらる。即、今の増井組是也」とある。享和元年（一八〇一）に郡奉行に任命された石川儀兵衛がこの陣屋に赴任したのは、翌二年四月二十五日である。（「高野文助手簡写」彰考館蔵、五月六日付石川儀兵衛宛）

増井陣屋跡について、『東茨城郡郷土史』には「増井字本郷」とあるが、「本郷」と「塙坪」とはその位置が異なり、藤井川の塙坪に架かる橋が「御陣屋橋」と呼ばれていることから郡郷土史は誤りであろう（袴塚誠氏からのご教示）。

増井組は文化十年（一八一三）八月に廃止となるが、翌年十二月増井村庄屋袴塚重衛門は次のような達しと共に金三百疋の褒美を受けている。

　其村江御陣屋御建已来臨時之御用向多、尚更先達而御陣屋引払候ニ付、彼是餘計之御用筋も有レ之、別而致二太義一候由相聞候ニ付、為二御褒美一被二下置一者也。[6]

同様に、組頭伊兵衛、兵衛門、儀介、藤五郎、栄三郎らへ青銅二貫文、先の組頭武衛門、庄次郎、祐蔵、八衛門、安衛門、長衛門らに青銅三貫文が下されている。

(4) 大里陣屋

「水府志料」には「陣屋、享和二年戌の秋、新に陣屋を作りて、水戸殿の治所とせらる。大里組是也」とある。この場所について、「常陸国北郡里程間数之記」（国立国会図書館蔵）の第二巻には次のようにある。

御陣屋の地を一分台とて高ミの塙地也。田季田町より湿気ヲ吹上、三方低く北の方高し。四方吹□□也。冬ハ寒気ニ難堪して病身者殖ける也。是四季共ニ湿風ニ犯さるる故なるべし……此地ニ居る事わずか三十年、湿風の為に病者年々に起り、或ハ生涯病廃となるもの多し。

これによると、高台にはあったものの湿気が強く、病人が絶えなかったようである。現在も集落の端の高台にある。

陣屋建設に当たっては、郡方役人の中村儀衛門が総指揮官となり、用聞役として高柿村山横目荒井又左衛門、薬谷村山横目川崎与一衛門、大里村山横目鈴木弥一兵衛らが当たった。大里陣屋の陣容は、郡奉行入江忠八郎（小宮山楓軒の実弟）の外、郡吏として富田十蔵、市村仁衛門、中村儀衛門、小山峯衛門、渡辺又兵衛、門井直三郎、川崎太兵衛、江幡定衛門、永井長十郎、関惣衛門、伊藤武衛門、菊池太一郎、加藤善兵衛ら十三名であり、天保二年（一八三一）正月に廃止の後は、稗蔵を曳いて稗蔵地としたのである。（『常陸国北郡里程間数之記』）

また、『金砂郷町史』によると、陣屋敷地としては享和二年（一八〇二）七月に九反二畝二十四分、翌三年に陣屋道代として二畝四分が買い上げられている。代価は、土地代の他に年貢の半金が秋作分として支払われている。さらに文化元年（一八〇四）に七畝歩、同十四年には四反七畝歩が買い上げられているので、全体で一町四反八畝二十八歩が買い上げとなり、これは「一分台」の一町五反七畝二十二歩のほぼ全部に当たる。この広さは、八田陣屋の一反五畝、大子陣屋の一反九畝十歩と比べてかなり広いが、文政年間から幕末にかけて稗蔵が幾棟も建てられていたことから、当初から農民救済の稗蔵設置の意向があったのかも知れない。

この大里陣屋引っ越しは享和二年十一月二十五日、御陣屋開きは十一月二十七日で、当日は山横目、各村庄屋、組頭一名ずつ出頭が義務づけられた。また、郡奉行、手代が任地に在住するため、陣屋田畠の請作が行われた。このことは、郡奉行始め配下の郡方役人達が在地に根を下ろした勤務であったことを窺うことができる。（五一四頁～五二〇頁）

（5）大子・鷲子陣屋（『大子町史』資料編、『常陸国北郡里程間数之記』から要約）

大子陣屋について「水府志料」には「陣屋、街の上にあり。高き事三丈餘。此村郷士益子民部左衛門兼智なる者あり。其先、対馬和泉などいへる者、豪富にして居住なしたる地なり。少く隍塁の形あり。囲みの内を御殿地といふ。先年、水戸威公、義公の旅館ありし故に御殿の名あり。民部左衛門兼智、享和三《二の誤りカ》年是地を奉りて水戸殿の治所となる。大子組是なり」とある。益子兼智から提供された用地（三千五百坪半）への陣屋普請は、享和二年八月から用材取りが始まり、九月には大子組内の各村から普請材料が納入された。久野瀬村からは「麦藁三駄五尺結縄六束附、六・七寸竹七本、小竹十三本、さし竹八本、右大子村御陣屋御普請御用、明後八日迄ニ御普請場へ可二相納一候。屋中屋居おしほこ等ニ相成候間、用立候品相納可レ申候」（『大子町史』資料編）などがその例である。

郡奉行増子幸八郎は、完成した陣屋へ向けて十一月二十一日の早朝城下を出立し、天下野へ一泊の後二十二日に大子陣屋へ到着し、二十五日に陣屋開きを行った。増子を補佐する郡吏は加藤辰衛門、関長衛門、小川喜重、高橋半兵衛、塩原吉郎衛門、照沼富三郎ら六名の少人数であった。

この大子陣屋は、天保二年（一八三一）二月二十七日に「大里、大子両御陣屋役所、来月朔日田美小路引移候条、其旨相心得可レ申候」と達があり、三月一日廃止となったが惣引き払いは同月十一日であった。この陣屋の建物と諸道具類について払い下げを希望する者は、大子村庄屋の元に二月二十三・二十四の両日に願い出て、二十五日の入札により決定を下すことになっていた。その建物としては、役所玄関並御用座敷一棟、春屋一棟、詰所次家一箇所、村役人腰掛場一棟、荒子部屋一棟、曲本家（勝手座敷風呂場共）一棟、便所一箇所、穿鑿所一箇所、風呂場二箇所などであった。

この陣屋跡は、安政二年（一八五五）に大子郷校文武館が建てられ、現在は大子町保育所となっている。

なお、鷲子陣屋については「水府志料」の鷲子村の条に「陣屋、享和二年戌年（一八〇二）、新に作り水戸殿郡奉行の治所とす。則、今鷲子組と称す。是なり」とある。跡地は、鷲子字仲島で、山を背にした高台である。明治七年（一八七四）十二月に嶐郷村立鷲子小学校が建設され、昭和十年まで続いていた（美和村村史編さん室談）。

(6) 小菅・安良川陣屋

小菅陣屋については「水府志料」の小菅村の条に「陣屋、蕨平といへる地にあり。享和二年戌の春、新に陣屋を作り水戸殿の治所とせらる。則、今の小菅組是なり」とある。また、文政六年（一八二三）にここに入った二本松藩の成田鶴斎はその著『南轅紀游』[8]の中で「庁事ハ小高川ノ西岡ニ在リシカ、今ハ他所ニ移セシト云」と記していることから、はじめは小高川の西岡にあったことが分かる。

陣屋建設について、享和二年（一八〇二）十一月に作成された「小菅御陣屋御普請御入目仕出」（旧里美村佐川弘一郎氏蔵）がある。これによると、建築の概要は、

一　役宅　一棟

玄関（長四間、二間梁、両下家、押廻四間縁側）、役所（長四間両下家、三間半の縁側付）、勝手

一　御役長屋　　二棟（長一六間、長一二間）　　一　春屋　　二棟（長四間半、長三間）
一　荒子部屋　　一棟（長二間）　　一　門　　一箇所（長三間一尺）
一　井戸　　二箇所　　一　雪隠　二箇所
一　三ツ道具立、柴栖垣（三百十間）、連台

である。これらの建築に要した職人及びその費用は表6－1～2の通りであるが、小菅組内全村挙げての大事業であった。これによって、他の組も含めて陣屋の規模の概要が分かってくる。

享和二年（一八〇二）の小菅組陣屋の陣容は、文政八年（一八二五）十二月に記録された「長年之事書集帳」（旧里美村佐川弘一郎氏蔵）によると、郡奉行岡野庄五郎逢原の外外調酒場三郎衛門、内調田辺彦兵衛、加納吉兵衛、宇留野三蔵、富山楯蔵、片岡佐之衛門、川崎惣助の七人である。この陣屋は文化十三年（一八一六）五月に廃止となったが、「長年之事書集帳」には「文化十四年丁丑四月大里御陣屋不レ残引越シ」とあることから、翌一四年四月には、陣屋の任務一切が大里陣屋へ移ったものと思われる。

また、安良川陣屋について『大日本国誌』第六巻常陸国八(9)には「安良川城址、附安良川陣屋址」として、

多賀郡安良川村字塙ニ在リ。東南懸崖ヲ以テ平田ヲ画シ、西北ノ二面深湟ヲ環ラシテ平地ヲ劃断ス。東西八十間、南北五十間余、牙城ハ其中央ニアリ。方形ニシテ追手ヲ南トス。四方土塁ヲ以

表 6-1　小菅陣屋普請材料

材	数	備考
松	132 本	廻 2 尺～ 3 尺 1.2 寸 ｝御立山
〃	111 本	〃 1 尺～ 4 尺 5.6 寸 ｝御立山
杉	143 本	〃 2 尺～ 4 尺 1.2 寸 ｝御立山
松	74 本	〃 1 尺 7.8 寸～ 2 尺 4.5 寸 ｝御立山（小菅村九兵衛）
杉	15 本	〃 1 尺 7.8 寸～ 3 尺 7.8 寸 ｝御立山（小菅村九兵衛）
栗	227 本	〃 1 尺～ 2 尺 4.5 寸 ｝御立山（小菅村九兵衛）
杉	168 本	〃 1 尺 5.6 寸～ 2 尺 7.8 寸　分付山（小中村幸内）
中竹	1,238 本	｝村々納
小竹	3,142 本	｝村々納
佐々竹	1,407 本	｝村々納
太縄	1,100 房	1 房ニ付 50 尋手組 ｝村々納
細縄	315 房	〃 ｝村々納
藁	141 束	5 尺〆縄 ｝村々納
廉朶	302 束	3 尺〆縄 ｝村々納
篠葉栖	348 束	〃
杉皮	30 間	材木取の節取
蕨縄	35 房	1 房ニ付 64 文
萱	313 駄	3 尺〆縄　1 駄ニ付 6 束
小麦藁	1,320 束	5 尺〆縄　1 束ニ付鐚 24 文
芦簀	632 枚	代鐚 5 貫 744 文、鐚 100 文ニ付 11 枚
畳	32 畳	畳床、琉球表、刺糸各 32 畳分、畳縁 16 畳分

表 6-2　普請人足及び費用

職人・人足	人　数	扶持米金	備　考
下大工	1,841 工	18 石 4 斗 1 升	1 工ニ付米 1 升ツ、（85 工は国役）
下萱手	425 工	4 石 2 斗 5 升	1 工ニ付米 1 升（50 工は国役）（合計 38 両 2 分）
畳刺	46 工	4 斗 6 升	1 工ニ付米 1 升
元山	1,146 工	17 石 1 斗 9 升	1 工ニ付米 1 升 5 合
人足	2,734 人	13 石 6 斗 7 升	1 工ニ付米 5 合
桶屋	64 工	6 斗 4 升	1 工ニ付米 1 升
井戸掘	61 人	1 両 3 分	1 人ニ付鐚 200 文
			惣計 66 両 1 分 2 朱

テ之ヲ圍ム。今猶存ス……享和元年（一八〇一）辛酉水戸藩郡方役所十二ヲ設ク。安良川組其一ニシテ、奉行廳ヲ此地ニ立ツ。

とある。これによって、郡役所の位置は安良川城址であることは明かである。現在は、高萩小学校が建てられている。

(7) 石神陣屋

石神陣屋について、『水府志料』には「陣屋、享和二年（一八〇二）戌七月、新に建て水戸殿郡奉行の治所とせらる。則、今石神組と称する是なり」とある。この地は、現在の東海村石神外宿字塚越で村上水道事務所がある所である。(10)

ところで、『水戸紀年』の文政七年（一八二四）七月十六日に「石神郡治ヲ河原子村ニ移ス。此時、郡奉行梶清次衛門ナリ」とある。梶は翌八年五月十四日に河原子村海防指引となって海防の任務に当たっている。この石神陣屋移転も海防を兼ねてのことになるが、「河原子村」は果たしてどうであろうか。

小宮山楓軒の「浴陸奥温泉記」(11)（文政十年五月出発）には、

大沼大橋ヨリ一里

横目役ノ家ニ門松ヲ建ルヲ見ル……コレヨリ坂上陣屋郡奉行ノ治所ニ至リ観ンコトヲ謀ル、村人嚮導シテ畑ノ間ヲ往キ陣屋ニ至リ、郡奉行梶清次衛門ニ面会ス。夷船防御ヲ兼テ設ケタレバ、露

臺望遠ノ所モアリ、郷士大久保新次衛門、武藤七之助モ其傍ニ営ス。コレヨリ河原子ノ浜ヲ過ギ、
　雨ニ逢イ衣皆湿リ。

とあることから、移転した陣屋は大沼村に設けられて「坂上陣屋」と称されていたと思われる。また、梶はこの時河原子村海防指引の役にあったが、楓軒と逢っていることはおそらくは役所に常住していたものと思われる。（瀬谷義彦教授のご指摘）さらに、「大沼村天保検地絵図」（大江信義氏所有、日立市郷土博物館蔵）には大沼村箕輪の地に海防陣屋が見え、街道から畑の間を行った楓軒の記事と合うとも思える。

この「坂上陣屋」の「坂上」については、当時は「坂上村」はなく「坂上郷」と呼ばれて久慈郡の石名坂、南高野、久慈の三村および多賀郡の森山、大沼、大久保、金沢、諏訪、下孫、水木、河原子、湯縄子、成沢、滝平新田、会瀬、助川、宮田の十四カ村が含まれていた（『水府志料』）ことから、大沼村の陣屋が「坂上」と称されていても不自然さはない。

天保初年には、この坂上陣屋も「其所を得ず」として問題となっていた[12]。即ち、石神へ戻すこと、石神以南を割いて浜田組に所属させ、小沢郷のみは大里組とすること、海防は坂上郷諸村のみとすることなどであった。楓軒としては、田見小路役所扱いとして郡奉行はここに詰め、坂上は出張所として手代を常詰めとし、郡奉行は時々一ヶ月程度詰め、異国船接近場合は長期滞在とする案も持っていた。しかし、天保二年（一八三一）の郡制改革で廃止となるのである。

写真３　田見小路役所図（茨城県立歴史館蔵）

（8）田見小路・上梅香役所

寛政十一年（一七九九）八月、従来の宅役所を改めて郡奉行役所新設が決定された。この時、最初は、

一　各役所之義、上町ハ田見御殿地へ出来、南・武茂扱役所ニ相成候。

一　下町ハ武藤一学跡屋敷、太田・松岡扱役所ニ相成候。(13)

とあったが、同月に「御殿地上下二ケ所之趣相達候所、上町江壱ケ所ニ相成候旨御達之事」(14)として、役所は田見小路御殿跡のみとなり、やがて十一郡分け陣屋制となって浜田組、常葉組の役所となった。天保二年（一八三一）正月からの四郡制実施に伴い、

各役家並役所之義は是迄之田見小路役所江太田・松岡二郡御居置、南・武茂二郡は上梅香鳥居瀬兵衛上ケ屋敷土地江御普請被二仰付一候付、役宅役所等絵図委細認可レ被二指出一候。(15)

と令達があり、田見小路は太田組・松岡組役所、南組・武茂組は新たに上梅香の鳥居屋敷跡へ新設されることとなった。

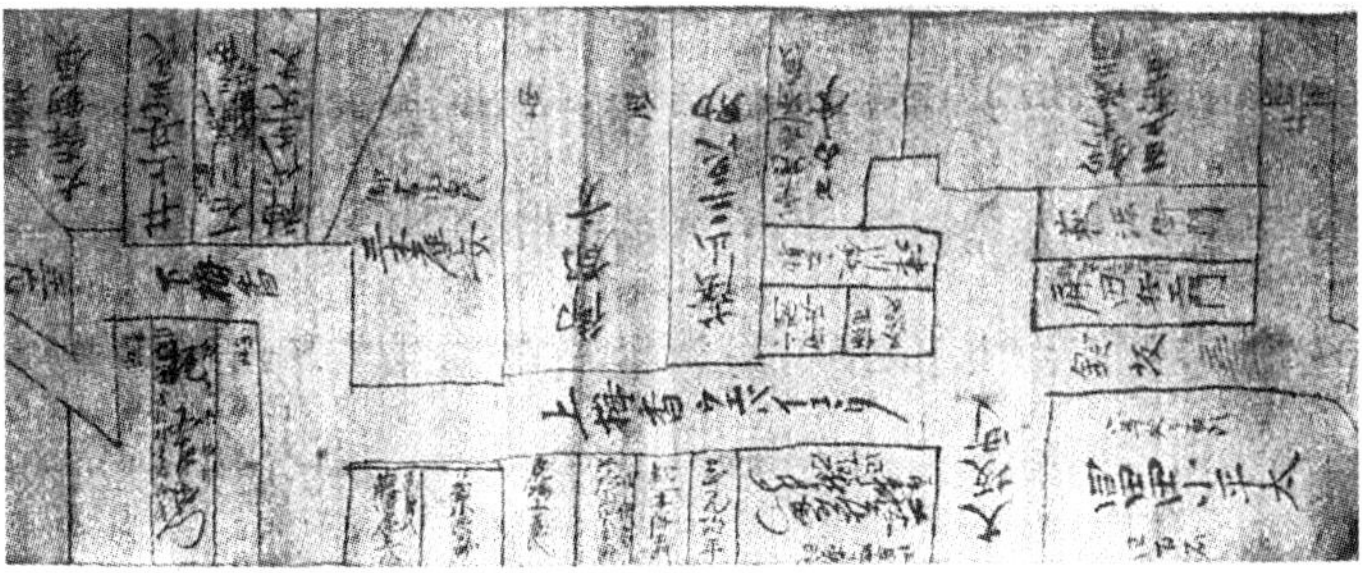

写真４　上梅香役所図（茨城県立歴史館蔵）

この上梅香は、「武茂御郡役所、来ル二十七日梅香江引移候条、其旨相心得可レ被レ申候」と達触れがあって同年五月二十七日に開所となった。これは、明治三年（一八七〇）に組を廃して新たに部訳となるまで続いた。

註

（1）『茨城県史料』近世地誌編、以後「水府志料」はこれによる。

（2）・（4）「精慎録」（長谷川貞夫氏蔵、茨城県立歴史館寄託）。

（3）『茨城県史料』近世政治編Ⅰ　五四二頁。

（5）『太田の医人』（岩間実氏著）二一一頁。

（6）「増井村御褒美頂戴仕候者被仰渡書写書上帳」（城里町増井、袴塚誠氏蔵）。

（7）大子陣屋普請及び開所から閉所までは『大子町史』資料編、二四〇頁～二四四頁、及び一六〇頁～一六四頁。また郡奉行・郡方役人は「常陸国北郡里程間数之記」二巻による。

（8）「茨城県史誌編纂記録」（二）（東大史料編纂所蔵）所収。

（9）東大史料編纂所蔵、なお、現在地については元茨城県立歴史館史料部長小松徳年氏のご教示を得た。

（10）東海村村史編纂室石沢通氏及び同村石神外宿浅野破魔之介氏のご教示を得た。なお、「楓軒紀談」（二）に次のような逸話がある。

石神モ陣屋ヲ営建アリシトキ、古塚ノ狐栖メルモノアリケルヲ、明日ハ崩サント議シタリシ其夜、石神川ノ舟渡ニ数人来リテ舟子ラ呼ブ声ス。舟指セバ是ニ乗シメ各々話ス。サラモ急ナル夜中ノ転居ニテイソガシキゾト云ヘリ。着岸スレバ各々上陸シテ去リヌ。ココニテ舟子醒メタルガ如ク、其地ヲ熟視スレバ、舟渡ヨリ上流数町ノ河原ニテアリシユヘ、驚キ出船シテ家ニ帰リヌ。明日怪シキコトヲ思ヒ、其近地ヲ尋探セシ。昨夜舟着タリシ辺ノ松林中ニ新タニ狐穴多ク穿チテアリシ。石神ノ狐ノ移リシコト知ラレタリ。

（11）『随筆百花苑』第三巻（中央公論社）三一一頁。

（12）『茨城県史料』幕末編Ⅰ「楓軒先生密策上」三四五頁〜三四六頁。

（13）・（14）『茨城県史料』近世政治編Ⅰ　一三九頁〜一四〇頁。

（15）『水戸藩史料』別記上　三六五頁。

（16）「天保二年飯田村御用留」（那珂市、大和田まさ氏蔵。那珂市歴史民俗資料館寄託）。

七　四郡制の村訳

以上見てきた郡制の変化に伴い、その郡（組）に属する村々も当然異動する。ここでは、正徳期の五郡制と天保期の四郡制に触れておく。特に四郡制では郡内の村名をあげておく。(1)

（一）五郡制

「郡奉行年表」の正徳元年（一七一一）の欄には同二年として、武茂組一〇九村、保内組一〇八村、松岡組一三一村、南組一二八村、野々上組九七村とある。各郡の奉行（郡宰）と組内村数およびその扱代官名は以下のようである。

（1）武茂組　郡宰鶴見儀兵衛

・代官小田倉六左衛門扱村（四三カ村）　・代官木内弥介扱村（七カ村）

・代官小宅忠次平扱村（五九カ村）

村高七六〇六七石五斗三升二合とあるが、この年、上金沢・下金沢・相川・相川古新田・長沢・北塩子・西塩子の七カ村を保内組から受け取り、堀・開江・又熊・谷津・三ケ野・木葉下の六カ村を南組へ渡している。

（2）保内組　郡宰塙清左衛門

・代官岡野庄司衛門扱村（一四カ村）　・代官小野崎左介扱村（九四カ村）

村高七六三六〇石八斗二升八合とあるが、下川合・上川合・粟原・磯部・太田・馬場・小野・増井・新宿・大平・薬谷・大里・下新地・棚谷の一五カ村が中山市正上り知より加わり、東野・上寺田・下寺田の三カ村が野々上組へ渡った。

（3）松岡組　郡宰小宅新六

・代官大井武兵衛扱村（七九カ村）　・代官岡野庄司衛門扱村（五二カ村）

村高七六六五三石二斗三升九合であるが、この年久慈・北河原・大久保・金沢・圷・三歳・落合・内田・小目の九カ村が中山市正上り知より加わった。

（4）野々上組　郡宰小川喜平太

・代官小宅忠次平扱村（四一カ村）　・代官小田倉六左衛門扱村（一二カ村）

・代官大井武兵衛扱村（一五カ村）　・代官岡野庄司衛門扱村（二九カ村）

村高七六一四七石八斗四升六合。

（5）南組　郡宰加治伝兵衛

・代官木内弥介扱村（九二カ村）　・代官小田倉六左衛門扱村（三六カ村）

村高七五八九七石五斗七升二合であるが、この年堀・開江・又熊・谷津・三ケ野・木葉下の六カ村が武茂組から入った。

(二) 四郡制

天保二年（一八三一）から松岡・武茂・南・太田の四郡制となったが、同十一年の検地以後は東・西・南・北の四郡に呼称が変更された。これは、天保四年（一八三三）巳九月に作成された四郡村訳帳（松岡組岡本家文書）によるものである。

（1）南扱（村数一五五カ村、村高九四〇〇二石三斗五升九合）

細谷　浜田　渋井　吉沼　枝川　勝倉　金上　三反田　柳沢　上大野村西　上大野村東　圷大野　中大野　下大野　小泉　飯嶋　川又　平戸　湊　磯浜　大貫　嶋田　塩崎　森戸　下入野　大場　大場村内新田　大串　東前　栗崎　六反田　谷田　谷田町付　坂戸　坂戸町付　古宿　吉田　木澤新田　茂澤新田　若宮　石川　下石崎　中石崎　上石崎　植農　長倉　小鶴　奥谷　小幡　足黒　秋葉　小堤　駒場　海老澤　城之内　紅葉　紅葉新田　鳥羽田　生井沢　上吉影　飯岡　前原　上合　下吉影外野内新田　青柳　芹沢　与沢　蕨　若海　捻木　倉数　幡谷　山野　小塙　馬場　羽生　谷嶋　玉造浜　玉造　玉造村内石神　冨田　永山　牛堀　上戸　潮来　辻　大淵（洲）新田　延方　延方村内徳島新田　古高　築地　嶋崎　赤須　清水　茂木　堀之内　矢幡　田伏　柏崎　安食　上軽部　三ツ木　宍倉　宍倉村内上新田　井関　南石川　川中子　下玉里　高崎　上玉里　田木谷　小川　川戸野田　佐才新田　世楽　前田　東野新田　米沢　冨沢　福沢　千波　笠原新田　小吹　平須　大戸鯉渕　下野新田　萱場新田　河和田　見川　見和　赤塚　中丸　堀　開江　三ケ野　【谷津・全隈・木葉下・大橋・増井・磯野・勝見沢・下青山・下古内・下古内内・渡・上古内・下小坂・上小坂・小勝（戌新田共）・塩子・上青山・上入野】

なお、【　】内は検地以後に西郡へ移っている。(2)

（2）太田扱（村数一二七カ村、村高九二四三九石四斗一升九合）

粟原　小嶋　中野　嶋　藤田　天神林　稲木　新宿　太田　馬場　増井　大門　和田　東連寺　芦間
玉造　久米　大平　大里　薬谷　大方　竹合　川嶋　下新地　鹿河原　花房　冨岡　小倉　塩子　辰
野口　釜額　東谷　小貫　生井沢　押沼　上宮河内　下宮河内　赤土　上利員　中利員　下利員　箕
高柿　岩手　千手　棚谷　松平　国安　和久　町田　西染　中染　東染　天下野　高倉　小生瀬　高
柴　大野　大生瀬　三ケ草　池田　北田気　久野瀬　袋田　下津原　南田気　大子　槐澤新田　下谷
田　中谷田　冥賀川山　下野宮　田野草　町付　沢又　中郷　上野宮　上郷　槇野地　浅川　佐貫
初原　芦野倉　塙　上金沢　相川　相川古新田　開田　山田　高岡　上沢　栃原　大沢　頃藤　西金
冨根　塩沢新田　田野　諸沢　西野内　長貫　梶畠　下小川　舟生　山方　野上　岩崎　上大賀　久
慈岡　上根本　横瀬　部垂　宇留野　泉　下根本　上岩瀬　下岩瀬　下村田　下大賀　瓜連　磯崎
中岡　門部　北酒出　南酒出。

（3）松岡扱（村数一四四カ村、村高七九五六九石六斗四升二合）

（天保五午五月拾三ケ村ニ寄むらニ成ル、河原野・細田・坂ノ上・下幡　四ケ村上深荻、菅・深荻・呉坪・赤根　四ケ村中深荻、油ケ崎・岩折・岡丁・西上渕・東上渕　五ケ村下深荻）

堤　杉　横堀　向山　額田　下川合　磯部　西宮　三才　小野　瑞龍　里野宮　常福寺　西河内下
西河内中　西河内上　ニ西上渕　水瀬　ハ岡町　ろ細田　大菅　大中　小中　小妻　塩田　笠石新田

上田代新田　根小屋新田　里川新田　岡見新田　黒坂　折橋　小菅　い河原野　は坂野上　ロ岩折
に下幡（四ケ村上深荻ニ成ル）　一菅　福平　山部　伊師本郷　石瀧　伊師町　伊師濱　川尻　折笠
砂澤　友部　笹目　四赤根　ニ深荻　イ油ケ崎　三呉坪（四ケ村中深荻ニ成ル）　ホ東上渕（五ケ村下
深荻ニ成ル）　東河内上　入四間　平山　良子　町屋　春友　赤須　茅根　白羽　田渡　長谷　高貫
亀作　真弓　高原　大久保　諏訪　瀧平新田　久慈　小木津　田尻　滑川　宮田　介川　会瀬　成沢
油縄子　下孫　河原子　大沼　金沢　森山　水木　石名坂　大橋　手縄　大森　瀬谷　岡田　幡　小
目　小澤　沢目　内田　落合　上土木内　堅盤　下土木内　釈迦堂　田中々児島　茂宮　留　南高野
石神豊岡　亀下　竹瓦　石神白方　村松東方　村松西方　照沼長砂　馬渡　馬渡内外新田　中根六ケ
新田　前濱　平磯　部田野　中根　足崎　高野　須和間　舟場　舟石川　石神内宿　石神外宿　本米
崎　澤　稲田　上高場　下高場　外野大島　外石川　武田　上川合　谷河原　市毛　堀口　田彦。

（4）武茂扱（村数一二六カ村、村高九五七一五石六斗一升四合）

青柳　西連寺　東木倉　津田　中台　後台　萱谷　鴻巣　福田　飯田　豊喰　中河内　西木倉　上河
内　常葉　袴塚　圷渡　台渡　田谷　下国井　上国井　戸　田崎　戸崎　中里　大内　古徳　志津
高野　向山　菩提　下江戸　上泉　岩根　藤井　飯富　成沢　下那珂西　上那珂西　下穴澤　下圷
上圷　石塚　宗田　高久　北方　大高根　大山　上穴澤　赤澤　下伊勢畑　上伊勢畑（新高根共カ）

粟　小場　福山　上村田　石沢　引田　小野　菅又　八田　東野　小祝　冨谷　下寺田　福島　上寺田　長澤　北塩子　西塩子　野口平　門井　野口　大畠　金井　長倉　那賀　法性寺　国長　福岡野田　秋田　千田中居　吉丸　小国　小瀬澤　下小瀬　上小瀬　氷之澤　下檜澤　上檜澤　入檜澤小田野高部　小船　鷲子　松野草　入本郷　油河内　大岩　冨山　松野　久那瀬　矢又　大那地岡組大内　多部田　谷川　武部　馬頭　向田　三ケ又新田　小口　小砂（馬頭内内都）和見　大山田下郷大山田上郷　野田　高野　岩船　観世音　孫根　田野　檜山。

以上、四郡の総計は村数五四〇ケ村（五五二ケ村の誤りカ）、村高三六一七二七石三升四合（通称は水戸藩三五万石）であった。

なお、検地以後に作成された「水戸藩領四郡村名輯録」（茨城県立歴史館蔵）によると、松岡組扱村一四三カ村（多賀郡五九カ村、那珂郡三五カ村、久慈郡四九カ村）、武茂組扱村一二五カ村（那珂郡六三カ村、茨城郡四三カ村、那須郡一九カ村）、南組扱村一二六カ村（行方郡二六カ村、茨城郡七四カ村、那珂郡六カ村、新治郡一三カ村、鹿島郡七カ村）、太田組扱村一一七カ村（那珂郡二〇ケ村、久慈郡九七カ村）である。

註

（1）各郡制の村訳の詳細は、拙稿「水戸藩郡制の変遷と郡奉行」（『茨城県立歴史館報』第17号を参照）。

（2）初め、明治二年の記録で記したが、天保検地以前の史料との相違を見出した結果、検地を機会に組み替えがあった事が判明した。

おわりに

水戸藩の郡制は、三郡、十一郡、七郡、五郡、四郡と変化し、また陣屋制も敷かれるなど、それらには長短両面があったであろうが、それぞれの時期に対応してなされた改革ではあった。その目的とするところは、領内をいかに安定させるか、民政の実を挙げることができるかであった。大きな論争ともなった天保期の四郡制実施も、藩主斉昭の強力な指導もあって、反対意見ほどの弊害は現れなかったと思われる。要は、制度の改革と共に、小宮山楓軒も指摘しているように、それを運用する「その人を得る」ことにあることも事実であった。これは、今日的問題でもある。

二　郡奉行　―その領民への思い―

はじめに

幕藩体制を維持するためには、幕府と藩との関係が安定していることが必須である。その前提は、藩自体が安泰でなければならない。そのため、心ある藩主は自ら研鑽を積むと同時に、領民に対しても、硬軟両面の方策をとり入れながら良き関係維持に腐心したところである。その結果として、両者の間に強い信頼関係が構築されることが最も重要なことであり、これは現在のあらゆる組織にも言えることである。ここでは、水戸藩の藩主と領民との関係を、その衝に直接当たる郡奉行の姿勢を通して、その信頼関係構築の一端を具体的に述べてみたい。

そもそも郡奉行は、支配郷中を巡察することによって、課税、徴収、諸法令の伝達、諸帳簿の整理、道路・橋梁等の普請、警察、裁判などの民政を司ったのである。それだけに、藩でも耕作命令や年貢納入等につき、郷中を手代に任せることなく、郡奉行自らが積極的に郡政に当たることを要求し、違反者には厳罰をもって当たった。郡奉行もまた、神文や起請文を差し出し、不正一切を無くし、誠心誠意職務を全うすることを誓ったのである。なお、郡奉行の業務の具体的な内容及び起請文等については、本書第三章「水戸藩の郡制と郡奉行」を参照してほしい。

一　藩主の悲願

領民の心をつかむこと、これは歴代藩主が最も腐心したところである。領民を信頼することの重要さを示す一例としては、義公光圀が検見を公儀（藩）から出すのではなく、隣郷の百姓同士に互いに吟味して上納するよう命じたことがある。役人は、百姓はもともと信頼できないものであると真っ向から反対したが、義公は当時の百姓の欠点や手代の貪欲さから検見の不正も見抜いており、「此の方より打まかセなは、多の百姓の中に、若ハ感激する者もあらんかし。其上豊倹の恰好ハ、大概顕露なる事なれハ、我にまかセて施行せよ」と命じて決行させた。百姓達は、ためしなき御恩に感激して素直に上納した。このことが他の藩に聞こえて、藩主に不満のある百姓達は「あはれ水戸様の百姓ならましかは」と申し出たとは『玄桐筆記』(1)の伝えるところである。

この義公の再生とまで称えられたのが、四代藩主宗堯（成公）である。しかし、彼は享保十五年（一七三〇）四月七日、わずか二十六歳の若さで歿してしまった。宗堯は、藩主の座にあることわずかに十二年であったが、その間「府下又は御領中に孝行貞節忠義の者多し」と、その治政が良く浸透した結果であると、石川久徴は『桃蹊雑話』(2)に記している。

その宗堯が、藩主としての心構えとして常に語っていたことはすこぶる重要であり、意味するところは大きい。即ち、

国を保ち人に上たる者は、家士国民をして各其所を得せしむるを以て職分とす。其是を教ゆるの術も身を以て唱導するにあり。貴賤異なりと云へども其心は皆同じ。故に其好悪する所も又ひとしからざる事なし。唯我誠心以て是に及ぼし、下の好む所是を好み、下の悪む所是を悪まば恐らくは中らずと云ふとも遠からざらん、故に我が今まで悪む所の事、下の好む所ならば必これを好むべし。我が今まで好む所の事、下の悪む所ならば必是を止むべし。一人も其所を得ざる者あれ

ば、其罪我一人にありと、常に一事を命じ、一言を令すといへども、先自反して後其事を出せり。(3)と述べている。この「家士国民をして各其所を得るせしむるを以て職分とす」、「一人も其所を得ざる者あれば、其罪我一人にあり」が重大な意味を含んでいるのである。

これと同様な趣旨を、九代藩主斉昭も語っている。即ち、

我等不肖の身にて祖宗の遺業を奉じ、士民の上に立居候間、乍レ不レ及日夜憂慮いたし候へ共、従来勝手不如意之上、度々の凶荒にて上下弥増窮乏いたし、仁政武備をはじめ何事もこの所にて行支、手を束ね居候段、恐入候事に候。如何いたし候はば、上下勝手取り直し、国中一統夫々其所を得、安穏に立行候様可二相成一哉。(4)

と。これもまた、藩主として如何にすれば「国中一統夫々其の所を得、安穏に立ち行く」ようになるであろうかと懸念し、心を砕いているところである。

このような理想は、遠く溯れば平安初期の仁明天皇の頃に示されている。承和九年（八四二）、橘逸勢が謀反の罪に問われて伊豆へ配流の途中で病歿した。逸勢の孫珍令、祖父に従って伊豆へ下ろうとしたが、図らずも祖父の死に逢い、路頭に迷うことになった。これを聞いた仁明天皇は、「罪人の苗胤と雖も、猶一物の所を失ふを悲しむ、よろしく更に追還して旧閭に就かしむべし」と勅している。（『続日本後紀』）また、慶応四年（一八六八）三月の明治天皇の宸翰に「今般朝政一新の時に膺り天下億兆一人も其所を得さる時は、皆朕か罪なれハ云々」(5)ともあり、歴代天皇の治世の理想でもあった。封建領

主であっても、かかる理想を抱きながら領民の指導に当たろうとしたところは注目しておきたい。

二　雨宮又衛門端亭

『水府系纂』十一巻によれば、雨宮広安は原玄春昌術の次男で、安永九年（一七八〇）三月雨宮隼人安尊の養子となった。寛政三年（一七九一）二月に松岡郡奉行となり、同六年四月には南郡奉行に移り、同九年閏七月まで在任した。同十一年十月再び郡奉行となり太田郡を支配、享和二年（一八〇二）五月町奉行に転じた。天保三年（一八三二）致仕して端亭と号したが、同年十一月七日七十四歳で歿した。水戸藩医師原南陽の実弟でもある。

この雨宮端亭が、三郡の郡奉行在任中に領内を巡検し、その都度村長・里人から見聞した事柄を記録したのが『美知草』(6)である。それぞれの村内の現況と歴史的背景などが記されており、所々には、名所や道路及び集落等のスケッチも施されている。彼の後に記した郡吏加藤寛斎の『常陸国北郡里程間数之記』には及ばないものの、当時の領内の様子を知るうえで貴重な史料でもある。寛政三年から同六年の松岡郡、寛政六年から同九年までの南郡、寛政十一年から享和二年五月までの太田郡の様子である。ちなみに、南郡に属していた塩子村（西茨城郡七会村）の仏国寺についての記録を示しておく。

塩子村仏国寺高野山宝性院末寺也。郷中より十八丁（約二キロ）あり。本堂十一面観音行基の作、前立十一面くわんおん（観音）弘法の作のよし。岩谷なり。中段にあり。絶景の地なり。地上よ

図　塩子村仏国寺境内（『美知草』より）

り観音堂土臺迄、高サ五丈八尺（約十八メートル）と云。慶長三年（一五九八）後陽成院之綸旨勅額あり。中興天正年中、開山教導上人、武田信虎二男なりと云。

按ニ、信虎の二男左馬介信繁なるへし。二男にはあるべからず。

この仏国寺は、現在でも深山幽谷の中に存在するが、図示されたような特徴的な懸崖作りの観音堂はなく、小規模となってしまったのは惜しまれる。再興の件も、話題の段階に止まっている。

三　岡野庄五郎逢原

岡野逢原、諱は行従、字を子言、庄五郎と称し、逢原堂と号した。立原翠軒の門下生となり、江戸の儒学者柴野栗山や岡田寒泉らとも交流している。寛政九年（一七九七）に彰考館に入り、享和二年（一八〇二）に小菅郡、文化八年（一八一一）には常葉郡の郡奉行となり、文政三年（一八二〇）に四十六歳で歿している。

郡奉行として赴任することになった逢原に対して、学友柴野栗山は、享和二年三月二十四日「送ル㆔岡ノ子言ノ赴クヲ㆓任松岡㆒ニ序」を贈って励ました。それを要約すると凡そ次のようである。(7)

この度の郡奉行抜擢は誠に栄誉なことで実に目出度いことである。ところで、我が藩の郡奉行西岡与兵衛愛親を知っているか。ある時彼は家老堀多仲に招かれ、今年は飢饉の為に年貢も思うままにならず、諸藩としても大いに苦しんだことであったが、わが讃岐藩は西岡の指導によって年貢納入も順調に行済み、諸施策を遂行することが出来た。その功を労うために一席一献となったが、西岡は酒盛りなら受けるが徴税の功を以てとなっては受けることは出来ない。税は百姓の汗の結晶である。此の馳走は百姓の膏と血とを見る思いであるとして拒否した。

時に寛延元年（一七四八）富人柏野屋市兵衛なる人物が綿花の専売特許を要求してきた。西岡は、これを許せば民は必ず叛するであろうと反対したが、藩は許可した。果たして、柏野屋を囲んで二万の衆が暴徒化する一揆が起こった。西岡は「固より已に之を言へり。今は為すべからざるなり。然りと雖も職を奉じて此に在り。請ふ、之に死せむ」と。彼は家僕に提灯を二個用意させ、一人には槍を持たせて荒れる民衆の前に粛々と進んだ。衆はその提灯の家紋を見て、互いに「我が翁、我が翁」と叫んで街に平伏し、粛として声をなさなかったと。西岡は、直ちに柏野屋の屋根に上って語気を強めて諭した。衆の訴えは常に庄屋から役人、家老、藩主へと自ずから順序がある。今はその道に拠っていない。城下を乱し藩主に反逆する大不敬である。即刻退散すれば善く、遅疑する者は我が力の限りを尽して一人も生還させることはないと剣を携えて睨み付けた。衆は忽ち沈静し、街に一人も姿を残さなかった。

栗山は言う。「西岡、黒面にして肥大、寡黙無文（飾り気なし）、之を望むに畏るべし。その民に臨むや、粛然厳厲、未だ嘗て温言（優しい言葉）をもて恩を市るの色あらず。而るに、民之を敬愛す。ただその意を失はむことを畏るるものは、その懇惻（親切にして憐れむ）の一言。大夫の酒を斥くるの心、民を孚して（誠を以て感ぜしめる）素あるに非ずや」と。

岡野子言は大変喜び、西岡を悦慕する様子が見られた。岡野はきっと期待に応えてくれるであろう。やがて東国に匹敵する人物が出たと聞くならば、必ずや岡野であることは間違いないであろう。

このように、柴野栗山に激励され、期待された逢原は、これまでの学問の成果を実地に施す意味でもと、「小菅戸説」(8)（享和三年春）を著して農民の教化に努めた。

その内容は、次の七カ条でそれぞれに説明を加えている。

（1）孝悌の道を守りて人の人たる道を重んずべき事

（2）宗族を親んで睦じくすべき事

（3）郷里の者に和睦して訴訟をやむる事

（4）農桑をつとめて衣食不足なき様に心懸けるべき事
（5）倹約を専らにして金銭を無益に費さざる事
（6）己がすべき業を守りて志を定る事
（7）忿をしのびて身命を全うする事
（8）子を育して畜心のそしりをまぬがるゝ事

これは、清の康煕帝の廣訓十六カ条を基本とし、これを分かりやすく七カ条に要約したものであるが、特に逢原が「育子の事」を加えたところに、当時「間引き」の悪習が深刻であったことを示しているといいえよう。

これには学友である尾張藩の儒者冢田大峯や常陸の代官岡田寒泉も序文を寄せて激励しているが、逢原も、序文の中で「人々聖諭の正しきを尊びて片時も忘れず、よくこの道を守り孝悌力田の民ともなりて、わが公の御志の万分の一も安んじ奉らば、予死すともかつ朽ちざる所ならんや」とその堅い決意と大きな期待とを記している。また末文では、「教訓せずして咎むるのでなく、教訓するも守らぬ者をば厳重に咎むることが肝要なり」と結んで自戒もしている。

しかし、このような教化もある程度の成果は上げたものの、農村問題の解決には更に根本的改革が待たれたのである。

四　白石又衛門意隆

白石意隆は、享和二年（一八〇二）十一月郡奉行となり、八田陣屋（常陸大宮市）に住した。文化九年（一八一二）二月に小納戸役に復し、文政二年（一八一九）九月致仕して一如と号したが、同九年二月十一日七十四歳をもって歿した(9)。

この白石意隆の郡政の一端を示すものとして、『水戸紀年』の文化二年十月の条に次のような記事がある。

東野村ノ民奥衛門年七十五、子アリ十二人。平生篤実、老テ猶農ヲ勉励ス。金若干ヲ賜フ。恩ニ感シテ自ラ薯蕷ヲ采得テ郡宰白石又衛門ニ呈ス。又衛門、又肥田政均ニ呈ス。政均遂ニ公（文公治保）ニ献ス。公詩ヲ政均ニ賜フ。

堂上ノ素餐恥ズ二我ガ生ヲ一　苦辛粒々懐フ二耘耕ヲ一　来鄙適有リ薯蕷ノ貢　正悦献芹表ス二至情ヲ一

右、郡宰白石意隆、因リ二執政肥田政均ニ一、進ズ下其管内ノ老農所ニ采得スル一之薯蕷ヲ上、蓋シ老農之志云為シレ賦シ二一絶ニ一、示セリ二政均ニ一(10)

これに関して、東野村（常陸大宮市）支配の郡奉行白石又衛門が、この藩主の詩を領民に伝へるため、分かりやすく解説した文書を配ったことを示す記録が残されている。即ち、字句の解説から前文の内容までを懇切丁寧に示したもので、次に掲げるものがそれである。

御朱印

堂上素餐恥我生　苦辛粒々懐耘耕　来鄙適有薯蕷貢　正悦献芹表至情

右、郡宰白石意隆因執政肥田政均、進其管内老農采得之薯蕷、蓋老農之志云為賦一絶、示

政均

御名・御朱印・同

御詩之意味

堂上　御殿ノ事ナリ。

素餐　詩経ニ不素餐トアリテ、何モセスニノミクヒ斗シテイルト云事ナリ。

吾生　平生ト云事ナリ。

苦辛　骨ヲ折、働事ナリ。

粒々　米穀一トツフ一トツフト云事ナリ。粒々皆辛苦ト云古語ナリ。

北鄙　北ノサイコウ（在郷）ノ事ナリ。

薯蕷　北ノイモ、ジネンシヤウノ事ナリ。

正悦　ウレシキ事ナリ、御悦アソハサレ候事ナリ。

献芹　昔、唐ニテ、百姓か芹ヲコノミテ、芹ホトウマキモノハナイト思ヒ、コレホトウマイモノナレハ、国王ヘサシ上タイトテ、献上シタルコトカアルナリ。

表至情　コレハ、東野村ノ老夫カ志、昔ノ芹ヲ献シタル情トヲナシコトナレハ、夫ヲアラハシテ、御作アソハサレタルトノ御事ナリ、アリカタキ事ナラスヤ。

※此御詩ノ　尊慮ハ、広キ御殿ニ御座ナサレテモ、サシタル下ヘ恵モナク、百姓ノ作リシモノヲ日々　召上ルヲ、御平生御気ノドクニ思召ト　御謙退ノ御辞ナリ。其ユヘハ、米穀ト云モノハ、一粒タリトモ皆百姓ノ甚骨ヲ折リ耕シ作リ、辛苦ヲスルモノナレハ、タヤスキ事ニテハナシト、御膳ヲ召上ル度　思召トナリ。カヤウニ御平生思召所へ、御国御城ノ北ナル村ヨリ、山ノイモヲ指上タルハ、昔ノ百姓カ芹ヲ国王ヘ献シタル志ト同事ニテ、其者ノ厚ヒ心掛カ　御ウレシイトアソハサレタル　御詩ナリ。誠ニ冥加至極、アリカタキコトナリ。

文化二年　乙丑十月六日

白石源意隆謹書印(11)

これは、農民の心使いを郡奉行が理解し、藩主に届けた結果、藩主もまた農民の好意に感じて下賜したのであった。郡奉行も、その藩主の心を十分に領民に知らせようと、やさしく解説して読み聞かせたのであって、ここに支配・被支配を越えた心の交流があったと思われるのである。

さらに後年、九代藩主斉昭がこの白石意隆の勤務姿勢について、次のような「白石意隆三書序」なる文を記している。

白石意隆著《ス》二眞寶盈虚農民ノ三書《ヲ》一。皆道《フ》下所二以脩《メ》レ己《ヲ》以《テ》治《ムル》レ人《ヲ》之意《ヲ》上也。昔賢ノ所レ為《ス》、何《ゾ》嘗《テ》不《ザランヤ》

レ然《ラ》。夫《レ》意隆者、達《シ》レ武《ニ》兼《ネテ》好《ム》二文事《ヲ》一。古《ニ》云《フ》、為《たルコト》レ臣不レ易《カラ》。而《シテ》所レ為《ス》如《シ》レ此《ノ》。則《チ》何《ゾ》難《キコト》之有《ラン》。頃閲《シ》二三書《ヲ》一。而《シテ》大《ニ》有《リ》レ所二興起《スル》一焉。遂《ニ》令《メテ》二謄寫《セ》一。潜心繙閲《ス》。想《ニ》其《ノ》所《ノ》レ宰《スル》八田《ノ》形勢物情、山《ハ》自《ラ》為《シ》レ文《ヲ》、水《ハ》自《ラ》為《ス》レ章《ヲ》。其《ノ》道《ハ》治平、其民《ハ》和悦。是《レ》非《ズヤ》レ得《ルニ》二之《ヲ》所《ニ》一レ學《ブ》耶。嗚呼學之不レ可《カラ》二以《テ》已《ム》一。余於《ヒテ》二意隆《ニ》一信《ズ》焉。遂《ニ》題《スト》二片言于其書《ニ》一云《フ》。（蔭山秋穂編『水戸烈公詩歌文集』三三五頁～三三六頁）

これを意訳すると、白石意隆は『真宝琢志』（文化元年、一八〇四）、『民盈虚論』（同三年）、『農民制詞』（同八年）の三冊を著した。それぞれ皆己を修めて以て人を治める所以の意味を言ったものである。（その他に、農民の教戒書『百姓日用訓』がある）それ意隆は、武道の達者である上に文事をも好み通じている。孔子も『論語』（子路篇）に「君為ること難く、臣為ること易からず。」との古人の言葉を引いて、君となって天職をはたすことは難しく、また臣となってその職責を果たすことも容易ではないことを云っているが、意隆が郡奉行として行なった政治はこのように立派である。これを見ると、孔子が云うような難しいことは何がこれあろうか。この頃自分は、意隆の三冊の書物を見て大いに興起するところがあった。その為に謄写せしめてひたすら熟読したのである。想うに、意隆の管轄下である八田の自然の形勢・人物気風は、意隆の心を和ませ自然体の文章となり、領民がそれらを読み聞きしていく。その為に治世も安泰となり、自ずと領民も和悦していくのである。これは、やはり学問する所からくるもの以外の何物でもない。ああ、学問は是非とも為さねばならず、継続させなければならない。自分は、意隆の行跡を以てこのことを確信した。

烈公は、確かな学問を背景とする郡奉行白石意隆の治世に満足し、教育の重要さを再認識して、藩政改革を更に邁進しようと決意したのであった。

五　吉成又右衛門信貞

吉成又右衛門は、藤田幽谷の青藍舎に学んだ後、天保元年（一八三〇）四月に大子組の郡奉行となったが、その後の郡制改革によって同二年一月に松岡郡、翌三年から弘化二年（一八四五）九月までの十四年間を南郡の奉行として務め、水戸藩天保改革の中心人物の一人として活躍した。その後、弘化甲辰の国難など藩内抗争に巻き込まれ、嘉永三年（一八五〇）九月五十四歳で歿した。

この吉成又右衛門が、日頃の生活の中に、郡奉行として職務遂行する覚悟は勿論、直接領民と接する立場から、領民理解のための工夫がなされていた。それを示すものが、天保十一年六月十七日勤王の歌人佐久良東雄が、吉成の住まいを訪ねた時の歌日記である。それを今、昭和十八年版『佐久良東雄』望月茂著から抄出して要約しよう。

吉成氏を訪ねる。十一万石ほど取り扱う郡奉行であるが、物静かに住まいしていることは、誠にゆかしいものである。障子は反故張りで、庭には一本も凝った作り木はない。しかし、弓・槍・

鉄砲等の武具類はきちんと整え、馬屋には馬がいななき、今にも事起これば鞍置いて乗り出す勢いである。居間に通ってみると、庭には溝が掘ってあり、そこには稲苗が植えられてある。居間の屏風には、春夏秋冬、暇なく農民の勤しむ様子が描かれている。（いわゆる「四季農耕図」）これは大変嬉しいことだと言うと、せめてこのようにして、民の苦労を忘れず、憐憫の心を失わないようにしているのだ。これを見て、世人の中には、あまりに窮屈すぎるのではなどと批判する者もあろうなどと笑っていたが、これは実に尊いことである。

この姿勢が、今日多くの分野で失われ、道徳規範の失墜となっていることを思うときに、この吉成に学ぶところは大きい。

次に、吉成の実際の仕事ぶりを示す史料を紹介する。(12)

今年《ノ》荒飢至《ル》二於窮谷一《ニ》、人民鑿《リ》二葛根一《ヲ》剥《ヒテ》二樹皮一《ヲ》以《テ》為《ナス》レ食《ト》、官発《シ》二倉稟一《ヲ》賑《ス》二窮乏一《ヲ》、使《シム》下郡吏庄司弥八宮部孝三西野孝次等一《ヲシテ》管《セ》中賑済之事上《ヲ》、三子黽《びん》勉尤《モ》力《ム》焉、大雪之後、一夜共《ニス》二宿《ヲ》于古内邑一《ニ》、賦《シ》二一絶一《ヲ》与《フ》二三子一《ニ》、

日々乾々嚙《ム》二麁餐一《ヲ》　深雪跛脚《スルモ》不レ知《ラ》レ寒《ヲ》　一心唯在《リ》レ済《フニ》二飢渇一《ヲ》　忠義凛然凌《グ》二翠巒一《ヲ》

これは、天保七年（一八三六）の飢饉に際し、大雪の後、領内を巡視して、郡吏達と古内村（現常北町）に宿ったときの感慨を詠んだものである。当時、領民の中には葛の根を掘り、樹木の皮を剥いで飢えを凌いだ者もいた。藩では、急ぎ郷倉を開いて救済に当たった。吉成の配下では、郡吏の庄司や

宮部・西野らの働きが最も目覚ましかった。「一心ただ飢渇を凌ぐにあり、忠義は凛然として翠巒を凌ぐ」と詠み切ったところに郡奉行吉成又右衛門の面目躍如たるものがあろう。

実際この年は、春から夏にかけての淫雨冷風により、全国的に飢饉となり、水戸藩も大飢饉に見舞はれた。烈公も、早くからその対策を命ずると共に、各郡奉行に各地の状況を報告させた。南郡奉行であった吉成は、十二月、この時の飢饉の被害状況を、およそ次のように報告している(13)。

殊に難渋の郷村を回り、家の様子や食物等まで検分すると、窮民の多くは大根の葉や葛の根に少々の稗の粉を混ぜ合わせて食べている。その様子に、一段と憐れみを増すばかりである。また、今年は殊に不作の年であるので、山間地の保内郷や下野鷲子辺では、平生葛の根を掘っている関係から、今年は全体に手回しよく、十駄も用意した者もいる。そうでない地域では、今年初めて掘り、しかも葛根の利用法も知らないため、自分が保内郷より巧みな者を呼び寄せて製法方など教えさせているが、掘り置くどころかその日の食料で手一杯の状況であり、北郷地域の者より却って難渋しているようである。

寒中とはいえ、極難渋人を選んで、薬と同様に米麦を食べさせようと十日から古内村に粥場を設け、周辺の十七・八カ村の極難渋人男女、子供都合六百五・六十人程選び、近辺二・三十町までの者へは毎日米稗の粥、それより以遠の者へは、二日分を隔日に米稗を所々で渡し、その外、極窮人の出産には少々ずつ白米を与えた。

　また、磯浜村では借家人を含めて六千人余りであるが、浜方の辺りは殊に不作の上、近年の不漁続きで食料も皆無の状況であり、難儀至極の者も数百人にのぼっている。このため、十八日に磯浜・大貫両村に米麦の粥を施した処、両村で日々二千五・六百人が申し出て来た。湊村の場合は、人口もいたって多く、従って極窮人も数多であるが、ここは富豪の者もあるので、救方は村内で賄うよう指示するとともに、それをもって極窮人への粥を施させた。

　一方、南方の野合・玉造・小川郷にも、難渋人は数多いるが、この地域は、困窮人へ救いなど差し出す者もおり、また村の溜穀などで間に合い、救稗を願い出る者もおらず、却って余るくらいでもある。この先は、よく様子を観察して、適宜対応すればよいと思っている。

　実際、窮民救方については、殿様の命令も出ているので、全体にむら無く行き届くよう留意しているところであるが、麦作の実入り時期までにはまだ日も有り、救済法の定めもあって、拝借人の望むよう十分にはゆかない。大凶荒の時には、命さえあればよいと思ってはいたが、以来二・三カ月も過ぎ、拝借稗も食い込み、拝借人も増え続けていて、はたして救済方が行き届いているかどうか甚だ懸念される処である。

　また、極窮人は着物も少ない。その上、今年は殊に厳寒であり、度々の大雪もあって、この寒気をどう凌いでいるか思いやられるところでもある。しかしながら、大勢のことであるから、なかなか衣服貸与までは行き届き兼ね、これへの対策は無く、甚だ痛心の至りである。

そして最後に、「手広之義、見落斜落等にて難渋仕候者もこれ有る可きやと存じ奉り候間、御聴入り候義これ有り候はば、虚実に拘はらず、其の時々に御達し下置れ候様仕り度、此段申上げ候[14]」と、さらに救い方に漏れの無いよう念を押しているところ、吉成の誠実な、また任務に忠実な一面が如実に表れている。

おわりに

以上述べ来った郡奉行達は、いずれも所謂行政マンであると同時に文化人でもあった。彼らの背景には優れた学問があった。ここに、大きな意味があると思うのである。実際、江戸時代中期の地方における民政官としては、下総国・常陸国などの代官竹垣直温、常陸国の代官岡田寒泉、備中国久世の代官早川八郎左衛門、安芸国三次・恵蘇の代官頼杏坪らが著名であるが、水戸藩でも六代藩主治保が、漸く表面化してきた農村の荒廃に対して、これの防止と改革に努めた。その一つに郡制の改革があり、寛政十二年（一八〇〇）の郡奉行の任地在勤制と享和二年（一八〇二）の十一郡制開始がそれである。学者である郡奉行の登用も同様であった。これらによって、郷村の利害と生活の実態および農作物の豊凶などの確認・諸経費の削減・郷村取締りの徹底化を図ろうとしたのである。

こうして登用された郡奉行達は、改革の根本はまず農民たちの教化にあると認識した。このために文化元年（一八〇四）の稽医館、同四年の延方郷校などが建設されていく。また、これより先に八田郡の高野昌碩は、「芻蕘録」や「富強六略」を著しており、後任の白石又右衛門も「百姓教訓書」（享和三年）を著して農民に与えた。紅葉郡の小宮山楓軒は、棚倉・桑入の代官寺西元封を模範として、寺西の教訓書に絵を入れた「絵入り寺西八カ条」を領内に配布し、増井郡の石川儀兵衛も「増井組要務七カ条」を示すなどして農民たちの理解と教化に努めている。

実際には、種々の問題も多く存在はしたであろうが、郡奉行達は「各々そのところを得る」ようにとの藩主の意向を肝に銘じ、農民の心を察しながら、農村生活向上のために、一意専心職務の遂行に邁進したことは疑いないところであろう。

註

（1）『水戸義公伝記逸話集』三九頁。
（2）歴史図書社版　三〇八頁。
（3）石川久徴著『桃蹊雑話』三二七頁。
（4）『茨城県史料』幕末編「楓軒先生秘録四」四一九頁。
（5）『岩倉公実記』中巻　三五四頁。
なお、この「各々その所を得る」については、平泉澄博士がその著『明治の光輝』中の「明治天皇の宸翰」において、昭和十二年正月の近衛文麿の国会議事堂落成祝辞、昭和十五年九月二十七日の詔書、同日の日独伊三国同盟条約の前文などを例に詳述されている。

（6）東大史料編纂所蔵。
（7）『注釈・増補栗山文集』巻二之下　一〇三頁・一〇四頁。
（8）茨城県立歴史館所蔵。
（9）『水府系纂』三十四巻（水府明徳会所蔵）。
（10）『茨城県史料』近世政治編　五九九頁。
（11）大宮町個人蔵。
（12）水戸藩産業史研究会蔵　本会会長宮田正彦氏のご厚意により提供を受ける。
（13）・（14）『水戸藩史料』別記上　五四三〜五頁。

第四章　郡奉行の俤

一　水戸藩の名郡宰　小宮山楓軒の半面

はじめに

江戸時代も寛政・天明年間の中期以降になると、貨幣経済の普及や農民への年貢等の加重負担、さらには繰り返される凶作・飢饉等によって、全国的に農村の荒廃が現れてきた。常陸地方における当時の農村荒廃の様子を、幕府の儒者柴野栗山は、「土地は痩せて民は貧しく、その性質は頑固で考え方は狭い。ひとたび飢寒が迫ると、乳飲み子を殺して家族の人数を減らす間引きが盛んに行なわれた。このため、家人は減少、田畠も荒廃し、納税もままならず、代官の督促も厳しくなった。今、天下の荒田は三十七万八千石に及んでいるが、その内の半ばは常陸・両毛地方である。」（『栗山文集』巻三・意訳）と記している。これから判ずると、農村改革の要諦は、民心の改良と経済改革・育子・飢饉対策などであった。そのため教育が重視され、換金作物も工夫され、稗倉設置などの施策が講じられるようになった。この飢饉対策としての稗倉・義倉・社倉などについて、中国南宋の朱子が興した朱子社倉を日本へ初めて紹介したのは山崎闇斎である。闇斎は、大義名分を重んじる朱子学者で崎門学を起した人物ではあるが、社倉など備荒貯蓄の社会政策にも大いに関心を持ち、両者相まってこそ理想社会が実現できると説き、会津藩主保科正之のもとで実践している。

このような農村改革の実践に当った代表的人物として、幕府の天領では常陸国筑波郡・真壁郡などの岡田寒泉・竹垣直温、陸奥国塙・桑折地方の寺西封元、美作国久世地方の早川正紀などの代官がいる。これら代官の特徴は、元は学者であったことである。また、各藩では郡奉行（郡宰）がそれに当たり、広島藩の頼杏平、水戸藩の岡野逢原や小宮山楓軒らが知られている。彼らも学者出身であり、いずれも学問が背景にあった。この状況を、水戸藩の学者青山延于はその著『文苑遺談続集』「小宮山昌秀」の中で、「郡邑の学あること、実に昇平の盛事たり」と評している。

ここでは、その中から水戸藩の郡奉行として人格・政策遂行共に優れ、領民に慕われた名郡宰小宮山楓軒の人物像に迫ると共に、郡奉行としての姿勢の一端を示してみたい。なお、楓軒は、文政十年（一八二七）五月十三日から六月十四日まで陸奥鳴子（宮城県）の温泉へ湯治に行っているが、五月十四日から十五日にかけて、助川地域を通過して、次のような記録を残している。（『随筆百花苑』第三巻、中央公論社刊所収「浴陸奥温泉記」）

五月十四日（前略）

下孫、コレヨリ轎（かご）ニ乗ジ、助川ニ至ル。雨益甚シ。緑屋平左衛門ガ家ニ宿ス。水戸ヨリココニ至ツテ八里、終宵雨。（貼紙「成沢村アイ川アリ、法華宗ホウトウ寺アリ」）

十五日　晴

助川（下孫ヨリ一里半）

宿ヲ出デ、下リ坂百餘歩、土橋アリ。清流潔シ。コノ川アルニヨリ助川ノ名モアルベシ。按《あんずる》ニ、古（常陸）風土記ニ鮭ヲスケト云トアルハ、コノ所ナリ。助川砥《といし》アリ、名産ナリ。コレヨリ登降ノ坂多シ。荒川ニ至ルマデ、四十八坂アリト云フ。

緑屋平左衛門は当時の旅籠（旅館）であろうが、現在地は不明である。あるいは郷士並で本陣・脇本陣である長山家の代役を務めることもあった武藤兵左衛門に当たるか。当時の助川宿の旅籠として、「米屋、平次右衛門」などは知られていた。（『日立市史』）「アイ川」は「鮎川」であり、「ホウトウ寺」は「宝塔寺」と思われる。宝塔寺は、元禄九年に徳川光圀の命により高萩から現在地に移転している。（宝塔寺住職談）また、この鮎川は、鮭（古代に於いて「スケ」と称した）が遡上するほどの清流であったことから、「助川」の名称が生まれたと云われている。

一　楓軒の家系

小宮山楓軒は、明和元年（一七六四）三月二十一日、水戸浮草町に誕生した。名は昌秀、はじめ酒造之介、次いで次郎衛門と称した。字は子実、隠居して楓軒と号した。佐竹氏の後に入った水戸徳川家では、家臣団編成のために各地から戦国大名の家臣を受け入れている。家老に登用した最上氏の家臣山野辺氏や附家老となった北条氏の家臣中山氏などがあり、武田氏の家臣小宮山氏もその一人である。（『水戸市史・中巻（一）』）

小宮山楓軒の祖は、甲斐（山梨県）の武田勝頼に仕えた小宮山内膳であり、内膳は、武田氏が滅亡する天正十年（一五八二）の天目山の戦いで勝頼に殉じて壮烈な最期を遂げている。楓軒は、父の東湖（昌徳）から、小宮山家に生まれた者は、内膳殿が天目山において殉じた心を心として忘れることがあってはならず、主君に誠を尽くすことを最善とせよと幼少の頃から教戒されていた（註214頁参照）。この忠臣の後裔であるとの自覚が、楓軒の成長に大きな力となっていたことは確かである。楓軒は、毎年正月には、武田信玄の画像を床に掲げて礼拝していた。先祖の受けた恩義を忘れないためにである。内膳の後の小宮山氏は、数代後に忠左衛門なる人物が、甲斐を支配した浅野長政に仕え、忠左衛門の子が忠右衛門、さらにその子が休庵で楓軒の高祖父に当たる。休庵は、藤原惺窩門下の堀杏庵に学んだ。この休庵以降、小宮山家に学問的な色彩が加わってくるのである。休庵は、その後尾張の徳川氏に仕え、後に二本松の丹羽家に仕えた。その第二子が硯嶽で、林家の門人となって博覧多識をもって知られ、丹羽家を退いてから江戸に出た。硯嶽の子が桂軒で、楓軒の祖父に当たり、この桂軒から水戸藩に仕え、彰考館にて『大日本史』の編纂に従事することになる。桂軒は、山崎闇斎の門人で彰考館総裁となった栗山潜鋒の二女と結婚、その子が楓軒の父東湖である。潜鋒は、楓軒には外曽祖父になるので、楓軒は潜鋒の伝記も書き、江戸に出た時には駒込の龍光寺に潜鋒の墓参をしている。潜鋒の外曽孫であることは、楓軒にとっては大きな誇りの一つでもあった。（『水府系纂』六二、青山延于著『文苑遺談続集』）

東湖も、彰考館にあって生涯修史に携わった。学問的には、特に目立ったものはなかったが、楓軒は父東湖から前述した忠臣の後裔である自覚と、さらに酒と囲碁の禁止を訓戒された。「この酒と囲碁は、人の害となるものである。特に年少の内は、血気盛んで思慮も熟さないから、これらから身を誤ることが多い。お前も四十になるまではこの戒めを守れ。」と。東湖は、早くに両親に別れて逸楽にふけったが、後に改悛して書を読み倦むことがなかった。飲酒や囲碁の戒めは、自分を深く省みてのことからであろうか。楓軒は、自分はそれを遵守してきたが、すでに四十歳を過ぎたが今更酒を飲みたいとも思わないし、碁や将棋を知らないことを残念とも思わない。このままで一生を終わってもいっこうにかまわないと言っている。（楓軒著『楓軒紀談』十五）ただし、楓軒は一度だけ酒を飲んでいる。文化四年（一八〇七）三月の紅葉郡大火の折りである。孫の昌玄（南梁）が次のように記している。

火既に熄て後、属吏の妻児追々帰り、皆々啼泣ありしを先生見給ひ、胸塞がるばかりになれバ、常には用ひ給ハざれども、酒を持来れと家奴に命じ、一杯を傾け給ひて、胸間爽快し、初て酒の貴きを知れりとのたまひしなり。されど、その後ハ終に用給ふこともなかりしなり。（『楓軒年録』巻二）

また、父東湖のあくまでも謙虚な姿勢を示す楓軒の次のような回顧談がある。

予少年ノトキ、先人ニ従ヒ、坂戸先塋ヲ拝ス。先人、他ノ人ノ墓ヲ高クキヅキタルヲ見テ、教ヘラレシハ、自然ノ高地ハカクベツノコトナリ。ワザト高クスルコトアルベカラズ。朋友ノ墳、並アル中ナレバ、失礼ナリ。（前掲『随筆百花苑』「懐宝日札」十）

東湖の夫人（楓軒の母）は、手綱村（高萩市）の細金傳衛門の娘佐野《さの》である。誠実・勤勉で召使いなどに対しても丁寧で慈悲深く、食物などにも上下の区別なく、よく労りを見せたので皆よく懐いた。東湖が中風を患ってからは、昼夜看護に当たって帯を解くことなく、熟睡もしないことが三年にも及んだ。佐野は早く実母に死別し、祖母に育てられた。祖母は行儀が良く、常に端座していた。佐野の父傳衛門は養子であったが、誠実な人物であった。小宮山・細金両家の優れた血筋が相俟って、後の楓軒を誕生させたものと考えられる。（『近世高士伝』「先妣細金氏婦人行状」）

二　楓軒の学問

楓軒の幼少期については、「君幼にして岐嶷（優れて秀でている）、史を読みて楠公の烈に感じ、身を忘れて国に殉ずるの志あり」とある。（堤它山『楓軒墓碣銘《ぼけつめい》』）楓軒は、十三歳の頃に『太平記』を読み、楠木正成の忠烈に大いに感じ入り、常陸第三の宮水戸吉田神社に三つの立願をしている。一つは君侯の武運長久、二つ目は両親の息災延命、三つ目が軍法をもって名を立てたいことである。三つ目については、後年郡奉行を辞めて水戸へ帰った時に吉田明神に参拝して、自分の治めていた地域の領民が二万五千人余りになっていたのは、三軍の将であるに似ている。これは少年時代に祈願したことが叶ったといってよく、心から感謝していると報じた。また、楓軒の楠公崇敬は、生涯変わることはなかった。その逸話の一つを、前掲「懐宝日札」六に見ることが出来る。即ち、後醍醐天皇の詔命に即座に応じた正成の忠義心を、次のように称えていることである。

此頃、児輩ノ為メニ駿台雑話ヲ読ム。楠木正成ノ條ニテ思ヒ出セリ。先年、或人ノ話ニ、高山彦九郎ノ云ヘルハ、旅寓ニアリテ此書ヲ読ム。正成ヲ以テ孔明ニ比倫シテ猶及バズトセルニ至リ、此書ヲ擲テ捨テタリ。孔明ノ先主ニ於ケルハ、知己ヲ感ゼルト云迄ナリ。正成ノ帝（後醍醐帝）ニ於ケルハ、歴世ノ主君ナリ。其詔アランニハ、何ゾ速カニ是ニ応ゼザルベキ。是ヲ以テ、出所ノ優劣ヲ成セルコト如何ンゾヤ。予、再ビ此書ヲ観ルコトヲ欲セズト云ヘルトゾ。実ニ断リナル説トオモワル。正成、臨死ノ一言ヲ陋トセンモ如何ゾヤ。楠公ノ忠心義気、死シテ猶止マザルコト、此一言ニモ凛々乎トシテ、千載ノ後マデ昭明アリ。何ノ陋ナルコトヤアルベキ。此一條、実ニ（室）鳩巣ノ一失トモマウスベキ。予、人ノ疵瑕ヲ言フヲ欲セズトイヘドモ、楠公ノ為ニ一洗セザルコト能ハズ。

また、南朝方への敬慕は北畠顕家への賛辞にも見られる。文政十年（一八二七）の陸奥鳴子湯治からの帰途、奥州貝田・泉田村において西に半田銀山・奥ノ上山、南に二本松・安達太良嶽に雲かかり雪を見る。更に東に霊山を望んで次のように記している。

コレ、顕家卿ノ保セシ所ナリ。サバカリノ名将、二度マデ勤王ノ大軍ヲ起シタマヒシカドモ、阿倍野ノ一戦ニ殞命アリシコト、皇家ノ衰コノ人ノ一身ニカカリシナレバ、懐旧ノ感堪エガタク、一詩ヲ口占ス。

不独当時声可嘉、　千年遺躅也堪誇、　誰知芳野春将尽、　一夜暴風滅却花。

十五・六歳の頃からは、水戸の学者立原翠軒に就いて学んだ。二十歳の年齢差はあったが、互いによく理解し合い、楓軒は後に『翠軒先生遺事』を著している。この両者の関係を、森銑三は「楓軒が少年にして翠軒の教へを受けたのは、楓軒に執つて大きな幸福だつたといはねばならぬ。同時にまた、門人に楓軒を得たといふことは、翠軒に執つても大きな幸福となつたのである。」と評している。（『森銑三著作集』八、中央公論社刊所収「小宮山楓軒」）

また、楠公を崇敬していたことから、兵学・剣術・弓術・馬術・槍術・砲術から居合いまで稽古して、いずれも免許印可を得た。いわゆる文武両道を実践したのであったが、それを自慢することなく謙虚であった。剣術の免許を得た日に、師匠の三浦平内が教戒して「剣術の免許を取ったということは、人に斬られるほどの腕前になったのだと心得るがよい。この上に、いっそう刻苦して学んだら、万一の場合には、人を斬っても、人から斬られない境地に達することができよう。もともと免許にも至らないほどの者は、自分が及ばないことを知っているから、人に斬られるような拙いことは容易にはしない。それであるから、免許を得るほどの者が、人に斬られることになる。お慎みなされ。」と。教えに忠実であった楓軒は、拳拳服膺して忘れることがなかった。（前掲「懐宝日札」八）

天明三年（一七八三）、弱冠二十三歳にして史館勤務となり、「刻苦読書、精力人に絶す。……その彊敏《きょうびん》ぶりは実に後進の及ばざるところなり。」と青山延于が『文苑遺談続集』で評したほどに学問に精励した。更に、寛政二年（一七九〇）には六代藩主治保（文公）の侍読となり、初代頼房（威公）・二代光圀（義公）の年譜（「水戸威義二公年譜採餘」もある）を撰して呈上するとともに、しばしば国史を講義してその信頼を厚くした。後に、治保の逸事を纏めた『徳潤遺事』（小納戸役鈴木重宣著）の補追を残した。その中に、孝子の立原音吉についての項がある。即ち、寛政三年（一七九一）、治保が太田馬場の別館に岩手村（現金砂郷町）の孝子音吉を呼んで褒賞し、画工に肖像を描かせ、藩主自ら「共養不怠、出于其類。誠事親孝子不匱（共養怠らざればその類出ずる。誠に親に事《つか》うる孝子匱《とぼし》からず。）」との賛を付し、侍読・彰考館編修鈴木重宣にその伝記を書かせた。音吉の伝記は既に二年前の寛政元年に天下野（現水府村）の木村謙次が「孝子立原音吉傳」を記していて、治保はそれによって音吉を招いたのであった。楓軒は、その木村謙次の伝記を読み「書孝子音吉傳後」を記した。その中で、

伏して其の辞を読み、其の言を退思するに、感喜交々至る。夫れ君は民の父母なり。父母の子を思ふこと此の如く為せば、子たる者、其れこれに報ゆる所以を思はざるや。（中略）音吉父子、昆弟（兄弟）、交々相勉励すること此の如し。則ち風俗の一変、其れ庶幾ならんか。「孝子匱《とぼし》からず」

は公の錫類《しゃくるい》する所以のもの、あに浅尠ならんや。〈原漢文〉（「旌表録」音吉、茨城県立歴史館蔵）

と記して、音吉とそれを表彰し孝子の百出を期待した藩主治保の徳を称えた。寛政三年（一七九一）二月十九日のことである。他に楓軒が記録したものとしては、中河内村（現水戸市）海老澤幾衛門、下手綱村（現高萩市）善左衛門、故代官手代伊衛門ガ妻など、他に数点と肖像を描いたものもあり、治保はこれらをまとめて冊子とし「旌表録」と名付けて座右に置き治世の指標としたのであった。

三　楓軒の孝養

父東湖は、天明三年（一七八三）七月五十八歳で歿した。時に楓軒、二十歳であった。楓軒は、外出時に父に挨拶をするが、返事に元気がなかった時には、門を出てからまた引き返したりした。そのころ家にいた妙心尼が、訝って尋ね、その旨を父東湖に伝えると、東湖は驚いて、「戻って来るに及ぶものか。早く行くがよい。」と言う。それを聞いてはじめて安心して出直した。この年の九月二日、父の跡を受けて仕官、五人扶持、小普請組となって彰考館勤務となった。天明六年（一七八六）、彰考館総裁に立原翠軒を迎えて、それまで沈滞していた水戸藩の修史事業は再び活気を取り戻した。楓軒は、師匠の翠軒を補佐して大いに努るところがあった。寛政元年（一七八九）、楓軒は二十六歳で家中の稲垣平之允の娘香（十六歳）を娶った。夫人香は、楓軒はもちろん、姑の佐野との間も実に円満で、実の母子のようであった。歿後の法名は温良院恭奉浄空大姉、「温良」は実に夫人の人となりを表していると楓軒も『年録』の中に記している。夫人に稲垣氏を得たことは、楓軒にとっては、また人生の清福を得たものだった。（前掲森銑三著「小宮山楓軒」）

文化六年（一八〇九）七月二日、母細金佐野が七十二歳で死去した。病気が次第に重くなり行くに従い、楓軒は昼夜枕辺に付き添い、様々と手を尽くして看病したが、日増しに気力薄くなり行く様に、嘆きの様たとえようもないほどであった。お付きの者共も神仏へ祈誓をかけ、或いは塩断ち、或いは十七日の断食など、様々に神仏に祈ってはみたがその甲斐はなかった。余りのことに、母佐野から恩義を受けた者の中に、代わって自分の命を捧げようと願い出る者まで現れた。忝ないとは申すものの、楓軒は当然受けることはなかった。ある時、由緒ある家から団子を贈られ、楓軒はその一つを母の口に勧めたが、気力なく食べることが出来ず、暫く口の中に含んでいるのを見て、「これへ御食ひ出しなされ候やうと御声をかけられ、御手を御口に御つづけ候へば、よくも御嚙みなされ候を御食ひ出しなされ候へば、それを其のまま御手前にて召上られ候。御幼少の時御母の手に育てられし時は、すでにかくの如くなる事を思召し遊ばされ、かく遊ばされし事かと、御側に付き添ふ人々感涙を催し、何れも袂をしぼらぬ者こそなかりし」と。さらに、佐野はもとより慈悲深く、ものの哀れを思い知り、如何なるものにも親切にするので、出入りの人々こぞって「さても御慈悲の厚く、さても御陰徳の御方と称し奉りしに、今生の御別れと思ひ、皆御恵に預かりし人々なれば、惜しみ奉りしも道理なり。」とは、郡吏西野孝平の記すところである。（『近世高士伝』所収「西野孝平筆記」）

西野孝平は南郡の吏員で、文化十年（一八一三）に楓軒の配下に入った。その前は兄の直蔵が務めていたが、退任の後一人置いて、その後任となったのである。勿論、佐野の死去については孝平としては伝聞のことではあったが、楓軒の子息昌玄（南梁）も「西野孝平筆記一巻、悉く実録にして、家伝を補ふべきもの少なからず。」と付記している。楓軒は、遺骸を亡父の眠る藩の坂戸墓所（水戸市）へ一緒に埋葬しようとしたが、故障があって菩提所天界寺（水戸市細谷）へ埋葬せざるを得なかった。楓軒は、後々までこれを苦にしていた。

このため、文化八年以降のことであろう、天界寺は紅葉陣屋（現鉾田町）からは遠方であり、しばしばの墓参は叶わないので生井沢村（現茨城町）薬王寺境内に遺髪を埋めて仮墓を造った。楓軒の孝養ぶりを窺うことができる。薬王寺境内に建つ「先妣細金氏婦人墳記」は次のように記されている。（原漢文）

先妣、諱は佐野。先考東湖先生に事えて、昌秀及び入江正身を産む。昌秀、嘗て乏しきを司民に承け、家を挙げて紅葉村に移る。先妣、文化六年七月二日病歿す。年七十二歳。水戸細谷天界寺中に帰葬す。路遠くして屢々展拝すること能はず。仮に墳を生井沢村薬王寺中に作り、其の平生梳る所の毛髪を埋めて、省展《せいてん》の所と為す。此れ、即ち是なり。享和三年十月十七日、第三子小三郎夭す。文化八年八月二十四日、第二女睦夭す。三歳。並びに其の側に葬る。年久しふして、その所を失はんことを恐る。故に記す。

男、小宮山昌秀建つ。

注　先妣（死後の母の称号）、先考（死後の父の称号）、省展（墓参り）乏しきを司民に承け（浅学にして民を治める役人となる）

四　郡奉行として

（一）　絵入寺西八箇条

楓軒は、史館にありながらしばしば上書して政治・経済など民政についての持論を提言した。これが家老中山信敬に認められ、その推薦によって寛政十一年（一七九九）十一月、南郡の中の南野合組十四か村の郡奉行となり、翌年七月に紅葉村の役宅（陣屋）に移った。組名も、紅葉組と変わった。これより二十年に亙って郡奉行を務めるのである。楓軒の郡奉行の姿勢については、配下の郡方役人であった大内正敬の『精慎録』によく記されているが、ここでは、同じく配下の郡吏であった西野孝平の思いを、彼の「筆記」から意訳して述べてみる。

ア　朝は、いつも日の出前に起床され、お手水・うがいをなされ、直ちに机に向かわれる。それから奥方・お子様方が起床されてご挨拶申し上げる。寝る時は、お子様方はお茶の間の楓軒に挨拶の後、就寝される。（家庭教育）

イ　夜中は、枕元へ留火に付け木を添えて寝まれる。何か御用が出来て起こそうとすると、大抵静かに申し上げても二度とは申し上げることなく起床される。他所へ出かけられた時には、夜中には必ず大小刀を脇に置いて寝まれる。（危機管理）

ウ　食事はお茶付けを食されることはなく、強飯を好まれた。また美食を嫌い、粗食を好まれたが、常に一汁一菜で三膳の量は守られた。如何なる珍膳といえども、多く食されることはなかった。（健康管理）

エ　三度のお菜については、下々にまで等分に配分された。珍魚の類、その品少ない場合も、自分の分を削っても、必ず下々まで下さった。有り難きも、また勿体ないことである。（配下への配慮）

オ　任地の村々は、痩せ地も多く、また農民達も酒におぼれ、博打に励むなど勤労意欲に乏しく、かなりの貧しさであった。奉行は、このような農民の実態を調査するために、よく廻村をされ教化に努められた。その際、極く困窮人達が、寒中に夜具もなく老母を凍えさせ、又は綿入れもなく袷を着ているのみの母親、その子に着せる物もない母の嘆きの様を見て、哀れに思われて忍びがたく、よくよく事情を糺された上で、藩へ申し上げ夜着・布団・綿入・子供には花絞りの綿入などを仕入れ、それらの母子等を呼び出して与えられた。夜にも菰や筵にくるまる様で、子は親の寝られないことを悲しみ、親は子供の寒さを案じて自分の凍えるのも知らない様であったが、今宵からは、それも無くなるであろう。老婦などは、懐より数珠を取出し、神仏へ詣でた如く涙を流して拝したとか。殿様の世ではあるが、御仁政を聞くのも有り難いことである。恵みを受けた者共は、殿様より郡奉行を有り難いと言いしなり。扱い村の農民全てが奉行に帰依している。御政道において一《いっ》として届かない事はなかった。郡奉行といえども、役人も村人も帰依することなくては務めることも難しいであろう。ましてや殿様においては。（愛民政治）

また、楓軒の農民教化法の一つに「絵入寺西八箇条」がある。文字の読めない農民達に対して、教えの内容を絵を入れることで容易に理解させようとしたのである。ここにも、楓軒の農民への愛情、風紀改良への強い意志とアイデアとを見ることができる。

「寺西」とは、幕府の代官寺西封元のことである。封元《たかもと》は、寛延二年（一七四九）安芸国浅野家の旧臣寺西家に生まれ、安永元年（一七七二）に幕臣となり、寛政四年（一七九二）六月、陸奥における天明の飢饉後の農村復興を担うため白川郡塙（福島県）代官に任ぜられ、その後小名浜、桑折など十四万石の天領を管轄した。代官在職三十六年、文政十年（一八二七）二月に桑折陣屋で歿している。（『日本歴史大事典』吉川弘文館）

封元は、塙代官時代の寛政五年（一七九三）に次のような農民訓「寺西八箇条」その他を領内に配布し、農村の教化に努めた。

ア　天はおそろし

毎日毎日人間の心のうちとしわざをハ、天は見通しなり。心を正直にしてよき事をするものにハ、どこぞでハ御めぐみあり。悪心をたくミ、わるき事をするものにはばちあたるなり。おそるべき事なり。

イ　地は大せつ

人々の食物、着るもの、その外何にても、地より出来ざるものハなし。地をそまつにすると自然にばちあたり、くひもの其外何事にも手つかへこまる事出来るなり。少しの地にても大切にする事なり。

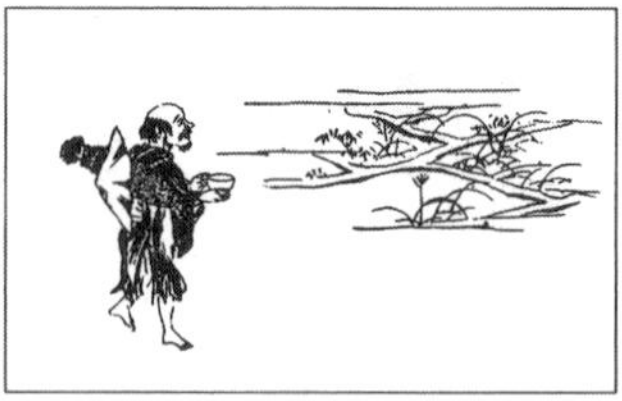

ウ　父母は大事

面々ひとなミにそだち、はたらくからだハみな父母よりさづかり、いろいろの手あて、苦労のやしなひをうけ、人になる。父母の大恩かぎりなし。大事にせねばならぬ事なり。

エ　子ハふびんかあい

子をふびんかあいく思ふハ、生類皆おなじ。一人の子にても五人七人おる子にても、皆我肉をわけたる子なれバ、かあいさに違ひなし。いくたり出来ても、おなじやうに大事にそだて上べし。年おいてハ、子や孫より外に頼ハなし。子をそまつにしれバ、鳥獣にもをとりて、天の理にそむくゆへ、末なりとしるべし。

オ　夫婦むつまじく

夫婦ハ天地しぜんの道なれバ、夫ハ女房をふびんに思ひ、たのミにいたし、女房ハおつとを親のごとく大事にいたし、夫の心に背かぬやうに、一生むつましく暮らすべし。

カ　兄弟仲よく

兄弟ハ前後に生まれたる違ひにて、同体なり。ずいぶん仲よくして、たがひの力になるべき事なり。

キ　職分を出精

田畑のつくり方、その外百姓のすべき業を年中油断なく精出しかせぐべし。せい出せハ諸事とゝのひ、だんだんにさかへ、ゆだんすれバ、びんぼうぐらし絶ぬなり。平日ともに、衣類くひ物をはじめ、何事もをごりがましき事なくけんやくを守り、かせぎ事ずいぶん出精すべし。

ク　諸人あいきょう

人間一生の世わたり、人ににくまれてハわざわい出来りてくらしたゝぬなり。相たがひになさけ深く、実儀を以てうつくしく世をわたる事を心がけ、すべてなんぎなる事、腹の立つ事をも堪忍を第一にして、あいきやうを専らにすべし。

楓軒は、この文章を上段に記し、図示したように下段に関連の絵画を入れて印刷し、村々に配付した。これが「絵入寺西八箇条」であり、その最後に次のように記して、これらのことを堅く守るよう言い含めた。郡奉行就任三年後の享和二年（一八〇二）のことである。

右八箇条の趣をふだん心がけまもれハ、人間の道にかなふゆへ、其身子孫まではんじやうにさかゆる事、うたがひなし。若し又、右を守らず、身持心もち悪きものハ、あらためのうへ急度とがめ申付候間、よくよく大切に相守るべし。

戌　九月

（『楓軒叢記』五、巻八、国立国会図書館蔵）

楓軒が、民政家の先輩である寺西封元に学ぶところはこのように深く、また楓軒の農民教化への熱意と信念とを感じ取ることができる。ただ、この教えが直ちに効力を発揮したわけではない。しかも、翌享和三年二月には、藩主治保から楓軒に対して、改革は急がずに人心の教化に努めよと次のような上意もあった。

領中百姓共風儀不レ宜、貧困近年相増候段、不便之次第ニ候、仍而ハ何卒同役申合出精致候而、風俗取直申候様可レ致候。併、急功を顕申度成功を急ギ申候ハ不レ宜候。漸ヲ以積上ゲ、自然ト善良之民ニ相化候様可レ致候。

（『茨城県史料』近世政治編Ⅰ、「掟書・令達」一三〇頁）

しかし、楓軒はじめ改革意欲に燃える新人郡奉行達には焦りが見える。文化元年（一八〇四）三月の郡奉行達の「郷村触れ案文」（前掲「近世政治編Ⅰ」一三二頁）にそれを窺うことができる。つまり、享和二年に四郡から十一郡に分かれて支配地域が狭くなり、しかも城下を離れて郷宅勤めとなったことで農民達とも意志の疎通がよくなり、善政を旨とする藩主の意向も行き届くはずであるのに、郡制改革後三年になっても博打、放蕩その他の悪事も少なくならない。時には孝行貞節で表彰される者もあるが、数は少ない。「既に八ケ条之御教も板行之上被二下置《くだしおかれ》一候へバ、人々善良ニ移リ候心掛可レ有レ之《これあるべく》候所」であるが、これの成果が上がっていないことは我々の農民に対する努力が足りないからであり、誠に申し訳ないとしていることがそれである。だが、このような懸念は、楓軒治下の紅葉郡では徐々に薄れていった。二十年後、楓軒との離別を惜しむ農民の姿がそれを如実に物語っている。

（二）　寺西封元支配所訪問

領内への治世の在り方や寺西代官に対する楓軒の思い入れは、前掲「浴陸奥温泉記」によく表れている。楓軒六十五歳の文政十年（一八二七）五月十三日、実弟で郡奉行も務めた入江中八郎正身及び元郡奉行酒井市之允喜昌らと連れだって鳴子温泉湯治に出立した。その往復における寺西関係の記録の一部を示すと、次のようなものである。まず、磐城平安藤対馬守領地の関田（いわき市平）について、

宿ヲ出レバ、松ノ列樹《なみき》アリ。初水戸ヲ出シヨリ相馬侯通行ノ後ナレバ、道掃除アリテ綺麗ナリ。列松ノ大木道ヲ挟ミ、東海道ニモオサオサオトルマジト思フホドノヨキ道ナリ。石那坂（現日立

市石名坂）ヲ上リシヨリハ、東海眼下ニアリ。西ニハ山聳峙《そばだ》チ、又海辺漁村ニ下レバ砂地ヲ過ギ、風色前ニ勝リ、其趣トリドリナリシニ、ココニ至レバ列松アレド大ナラズ、道狭ク掃除モソマツナリ。至此《ここにいたり》、始テ我邦（水戸藩）ノ大ニシテ小諸侯ノ企テ及ブコト能ハザルモノアルコトヲ察シ知レリ。他ノ国（藩）ヲ経歴セザレバ、我国ノヨキヲモ知ルコトナキナリ。

とあって、道路の状況一つからも他藩と水戸藩の治政の違いを比較している。鋭い観察である。

また、磐前郡白鳥村（現いわき市）については「コノ所、田畑ノ手入耕ヨシ。嘗テ内藤侯ノ善政アリト聞タリシガ、キキシニタガハズ民本業ヲ勤ムルト知ラレタリ。」と記し、他藩の情報を入手し、その善政を模範としていたことが分かる。

次いで、寺西封元代官支配地に入ってみて、彼の善政の評判とは異なる実情に驚く様が現れる。まず、上船尾・関村を過ぎ、湯本（現いわき市）で寺西代官の初喪を聞く。この湯本の項に「釈迦堂ニ至リ、幻如ガ碑ヲ観ル。桜ノ下ニ立テ、ヨク柵ヲユイタリ。寺西ノ託ニヨリ拙文ヲ刻シタルモノナリ。今ハ、其託セル人モ泉下ノ客トナレリ。」と感慨深く記している。

ここに云う「幻如」とは、肥前大村（現佐賀県）の人、若くして俳諧を好み、やがて郷里を出て塩釜に至り、俳諧・絵画僧であった遅月上人と出会い、仏に帰依することの第一は廃寺を興すことであると諭されて上人に師事した。時にしばしば上人に従い、水戸・平潟等を往来している。寛政十年（一七九八）湯本に庵を結び、発願して荒廃していた釈迦堂を再造にかかった。しかし協力者はなく、托鉢して米銭を乞うこと十九年の長きに及んで堂の竣工をみた。また、杉苗を育て、堂の側に植樹し、民衆にも頒布して植林事業に貢献した。更には、自ら荒地を開墾してその幾分を水田と化し、釈迦堂の維持に努めた。幻如は仏門に入って道徳堅固、戒律を守り、終身托鉢生活を続け、飢寒者には米布を施しながら文化十三年（一八一六）十二月十九日六十三歳で歿した。代官寺西は、幻如の功績に共感すると共に彼の功徳を称え、後世に伝播させるために、年来の知己である楓軒にその行状を知らしめて撰文を依頼したのである。託された楓軒は、その中で「（寺西）君は陸奥代官に在りて為政三十有餘年、其意慈悲を以て本となす。人、苟も善行有れば、微事と雖も必ずこれを録す。秀（楓軒）、未だ幻如の人となりを知らずと雖も、久しく君（寺西）の交誼を辱《かたじ》けなくす。則ち其の命、辞するを得ざる也。嗚呼、君が幻如を目ざし、功徳をなすこと無量に中《あた》らんや。」（原漢文）と記して、寺西封元の意図するところを称えたのである。文政七年（一八二四）八月二十五日のことであり、書は楓軒と同時期に水戸藩の郡奉行を務め、名筆家でもあった石川清秋のものである。楓軒の訪問は、その三年後のことであった。碑は、現在いわき市湯本上町成田山勝行院境内釈迦堂脇にあり、表に「釈迦堂幻如照禅塔記」、両側裏に「記文」が刻されているが、「記文」には諸所摩耗が見られ、柵もない。（『磐城市の金石文化財』磐城市文化財調査報告 第二集、いわき市里見庫男氏提供）

更に行く四ツ倉・比佐ノ浜（現いわき市久之浜町）については、「宿並ノ人家宜シカラズ、聞キシニ及バザル所なり。……御代官所ノ民ト云ヲ以テ、旅人ヲ侮ルト見エタリ。」と人情の薄さを非難している。

楢葉郡富岡（現富岡町）・小良ケ浜村（現大熊町）までの代官所支配地全体については、相馬侯通行の後ではあるが、道路の掃除や修繕もなく、独木橋にて大名を通すなどの粗末なことなど、藩政の行き届いた所とは比較にならない。木戸宿の問屋も悪く、人馬継も何かと難しく、人も馬も疲れた季節なので騎乗には耐え難いとまで云う始末である。従ってその民も風俗は悪く、寺西代官を誹謗することしきりで聞くに堪えないものがあったと嘆いている。

即ち、寺西代官死去につき、悔やみ金として郡中より百両を納めたことは前代未聞のことである。他にもこれと同じような賄賂金を納めている。公事訴訟その他の願いが皆金銭である。年貢の取り立て、米の出来具合の善悪の判断、その運送等の出役に対しても金銭を進呈、耕作できない荒れ地に対しても年貢は掛かるなど賄賂で出費は大変なものである。これでは民は貧しくあり、逆に代官はもちろん手代に至るまでいずれも三百・五百金は蓄えていよう。上に立つ者がこのように貪欲であれば、民の風俗の悪化も当然である。去年の溝口家島田領と水引論争において、小名浜詰の足軽が私情からの下知を出し、それがもとで島田の名主や農民らの怒りをかって打殺されたのも、皆賄賂を私したからであると。楓軒は、「寺西はなかなかの慈悲者であり、育子のことはかなり重視していたと聞いているが」との問いに、民は、「それは昔のこと、今はそれにあらず」と。楓軒は嘆き驚き、次のように怒りを隠さず、又自戒もしている。

久シク通信セル人ナレバ、コレヲ聞イテ何トモキノドクナルコトニ思ヒシナリ。後ニ桑折ヲ過ギリシ時ハ、其民ニ誹謗ノ言アルコトナシ。サラバ、小名浜詰ノ手代ニ貪吏アリテ、コレガ為ニ誹リヲ受ケラレシモノナルベシ。其本ハ、寺西ノ人ヲ知ラザルニ出ズルトイヘドモ、憎ムベキハ貪吏ナリ。細民ノカクマデ怨ミタルコト、行人ノ聞クヲ驚シ、諸侯ノ侮リヲ受ケ、恐レ多クモ江戸執政ノ徳ヲ損ズルニ至ルベシ。源清クシテ、末流濁ルコトアルベカラズ。賄賂ノ害、甚シキコト如此《かくのごとし》。有司タルモノ、慎ムベキノ第一ニアラズヤ。

しかし、相馬領の熊川（現大熊町）に入っては、また違う驚きと喜びとなる。

道廣ク列松大ナルコト水戸ニ比スベシ。（相馬）侯入部ノ後ナレバ、掃除モ届キ橋ニ手スリアリ。寺西ノ支配地ニ比スルニ尤優ナリ。其民質実ニシテ貧シカラズ。水戸ノ人ヲ敬ス。轎夫モ六人出セリ。多シトテ辞スレドモ聴カズ。其言ニ曰（く）、水戸侯ヲ敬シマイラスルハ言ニ及バズ、況ヤ近ク姫君ノ入ラセラレシカバ、餘所《よそ》ナラヌコトニ存ズルナリト。是ハ、守山侯ノ女嫁シ来リタマフヲ、我水戸ノ姫君ノ如クニオモイマイラセラレシナリ。

やがて帰途の六月八日、遂に寺西重治郎封元最期の陣屋地であった桑折（現伊達郡桑折町）に入り、寺西代官のことを問う。既に発喪があって帰一寺（現守一山無能寺）に埋葬し、百箇日の法会も済んでいた上に、発喪三日後に妻も死去、しかしその喪は発せず葬礼も行なっていないとのこと。寺西は安芸の生まれ、そこの代官に登用されて後、陸奥塙、更にこの桑折に移り半田銀山支配を兼務していた。寺西とは三十年来の知己にして書信も絶えない中であったことから、是非とも墓参をとの思いであった。

其墳ノ高三尺ホド石垣ニタタミ、其上ニ五輪ノ形ノ石ヲ立テタリ。中ノ石ニ松樹院殿ト刻セリ。前ニ香炉アリ。薄縁ノ席ヲ設ケタリ。即（チ）焼香一拝ス。石ノ背ヲ見ルニ、「賜布衣桑折郡宰寺西封元□□年□月□日終于任、是其墓表也」ト刻セリ。其旁ニ趺石ノミ設ケタル墓アリ。コレ封元ノ妻ナリ。内実ハ、既ニココニ葬レリ。封元（の）墓前ニ石燈爐アリ。コレヲ問へバ、郡中ヨリ上リシモノト云フ。彼（の）浜街道ニテ、悔金納メシト云フハ是等ノ費用ナルベキヲ、小民解サズシテ悔金トハ云へルナルベシ。何レニモ、下吏ノアツカイヨカラズシテ誤リシナラン。封元、存日数々書通アリテ、予ニ東遊ノコトヲススメ、其財乏シカラネバ東道ノ主人タラント云ヒシコト思ヒ出セバ、遺憾ナルコト限リナク、涙下リテ悲シカリシカバ、

初志存旧約、　古寺訪新墳、　花落鳥空去、　誰能問九原。

（初志旧約を存し、古寺に新墳を訪う。花落ち鳥は空しく去れり、誰か能く九原（墓）を問わん）

ここには、楓軒の寺西封元に対する限りない敬意と哀惜の念が表れている。これらを通して、楓軒の人柄を察し、郡奉行としての領民への在り方を窺うことが出来よう。

おわりに

内憂外患の迫り来った幕末、吉田松陰は安政六年（一八五九）、柴野栗山の「岡子言の松岡に赴任す

るを送るの序」（『栗山文集巻二之下』）に注目していた。（『吉田松陰全集』第六「己未文稿」）これは、栗山の友人岡野子言（号は逢原、楓軒とも昵懇で同期に郡奉行を務めた。）が常陸水戸藩松岡郡の郡奉行として赴任する際に、郷里讃岐（香川）の名代官西岡与兵衛が領民に対して厳粛な姿勢と温言を以て臨み、善政を布いた事を例に激励したものである。松陰は、叔父の玉木文之進が、長門の小郡・吉田の代官を務めて治績があった後、新たに郡用方に抜擢されたことを祝い、この「序」の後に賦して、「民瘼更に慇懃たり、頑姪私祝を致し、敢言して萬分を補ふ。」云々と激励したのである。

また、是より先、松陰は野山の獄に於いて囚人達と問答を重ねた。その中に、「今の務べきものは、民生を厚うし、民心を正しうし、民をして生を養ひ、死に喪して憾みなく、上を親しみ、長に死して背くことなからしめんより先になるはなし。此を務めずして、砲と云ひ艦といふ。砲艦未だ成らずして疲弊之に従ひ、民心之に背く。策、是より失なるはなし。」といい、また「四窮（鰥寡孤独）無告の者は、王政の先にするところ、西洋夷さへ貧院・病院・幼院・聾唖院等を設け、匹夫匹婦も其の所を得ざる者なき如くす。……専ら下を利するを務めて上を利するを務めず。是の如くなれば、民富み且つ庶にして国従つて旺盛す。是に重ぬるに仰ひで父母に事へ、俯して妻子を育するの道、上を親しみ、長に死するの義を以てせば、夜叉に与ふるに鉄棒を以てし、錦上に加ふるに花を以てするが如し。是れ、民政の要、本を修むるの論なり。」（『吉田松陰全集』第二「野山雑著」）と述べて、民の心を掌握し、勤労意欲を高めるには、各人の力を十分に発揮せしめると共に、民の生活の保障・福祉・教育の向上に務めることである、これはさすがに西洋先進国は整っている、是は是非見習うべきであると教えている。松陰も又、国家の行く末と共に民政にも十分に腐心していたといえる。

楓軒は、当時の農村の実態を見て、まさにここ民心・民福に視点を置いて民政に務めたのである。その背景にあるものは、家の歴史を重んじ、両親をはじめ家族への孝養から来る領民への限りない愛情と実践力である。

今正に教育改革が急速に進められているが、知徳体の揃った優れた人間を育てるという教育の根本は変わらないものである。ここに視点を据えつつ、自分のバックボーンとするところは何か、信ずる道は何かなどを問いつつ、この楓軒の精神に思いを致しながら、今日山積する問題解決の糸口として参りたいと思う。

註　藤田東湖の「和文天祥正気歌」の中に「或殉天目山、幽囚不忘君」とある。甲斐武田家の家臣であった楓軒の先祖小宮山内膳正友信が、勝頼の寵臣(姦臣)長坂釣閑・跡部勝資らと口論の結果、武田勝頼の勘気を蒙り禄を剥がれて蟄居の身となったが、主君勝頼への不平を言わず謹慎生活に入っていた。天正十年(一五八二)三月、勝頼は信長勢に攻められ天目山に逃れる。急を聞いた小宮山内膳は、勝頼の下に駆けつけ許しを得て奮戦に至る。この時、嘗て小宮山と口論に及んだ長坂・跡部は老臣らと逃亡して勝頼の側にあらず。勝頼の従者は、僅かに四十三人とあり。憤慨した友信は、信長軍迫るを聞いて侍女二十三人を逃れさせた後、五十人足らずの武田軍勢と共に最期の運命を共にしたのであった。土屋昌惟、秋山光次らも奮戦した。

これを後で聞いた徳川家康は、内膳の忠節に感じ入り、弟又三郎を呼んで小田原陣の際に長柄槍奉行に任命した。また、土屋氏は土浦の藩主に据えられた。小宮山については、『甲陽軍鑑』や『日本外史』・『国史略』・『野史』に詳述されているが、最も顕彰したのは水戸藩の儒者藤田東湖の「和文天祥正気歌」である。

（『藝林』第五十六巻第一号、平泉澄教授「日本思想史」昭和十九年度後期 講義ノート）

楓軒作詩（自筆）

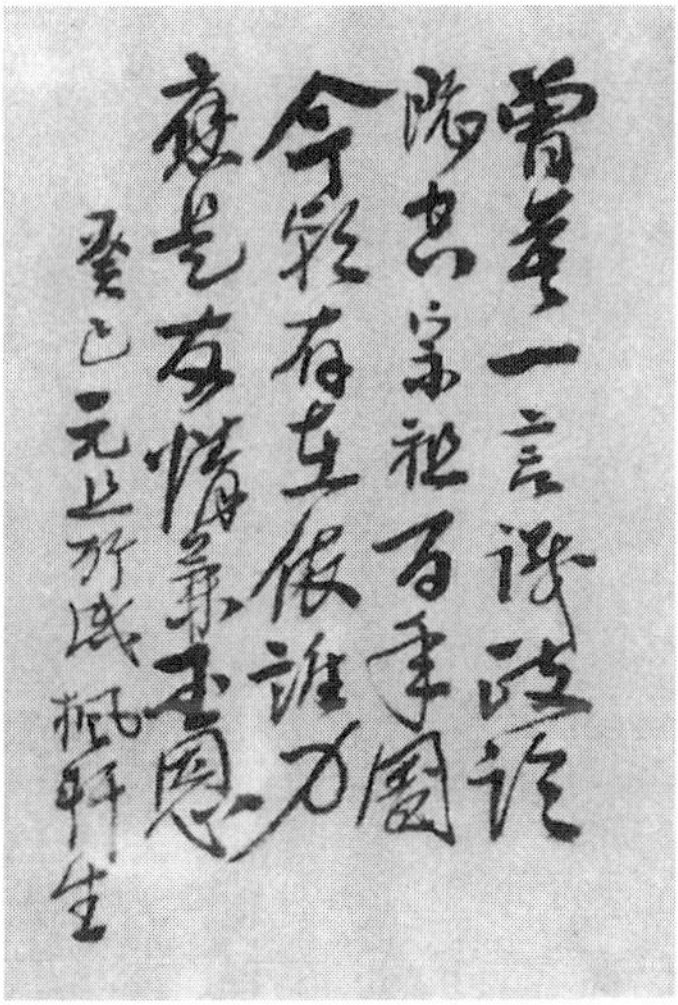

水戸市教育委員会編『小宮山楓軒』より

（参考）　曽テ一言ノ政跡ヲ議スル無ク、既ニ宗祖百年ノ園を空シウス。今朝在ル有ルハ誰ノ力ニ依ル。應《マサ》ニ是レ友情ト兼テ国恩
癸巳元旦所感楓軒生（天保四年）

幻如照禅塔（楓軒撰文）

いわき市湯本成田山
勝行院境内

紅葉陣屋図（国立国会図書館蔵）
水戸市教育委員会発行『小宮山楓軒』より

二　藤田東湖と天保の改革（講演録）

はじめに

ここでは、烈公斉昭の天保の改革がどのようなことに重点を置かれたのであるか、またこの改革を一層早め、推進せねばならないとの危機感を抱かせたものは大塩平八郎の乱であった思われますが、それに藤田東湖がどのように対応したのであるか、それと四大改革と称される検地・土着・学校・惣交代の概要と東湖との関わりについて申し述べてまいります。

ところで、水戸藩の天保の改革が「天下の魁」であるとどうして云われるのかと云いますと、水戸藩の改革は烈公が藩主となった文政十二年（一八二九）から天保十四年（一八四三）まで続きます。烈公は、漢詩「弘道館梅花を賞す」の中で、「雪裡春を占む天下の魁」と詠まれています。更に天保十年に作られた「偕楽園の記」の中では「此に於て梅樹数千株を藝ゑ、以て魁春の地を表す」と詠まれています。これらに代表されますように、烈公にはこの水戸の地を天下に先駆けて改革の拠点たらしめようとの決意が表れていると思います。

一方、この時幕府をはじめ諸藩の改革はどのようであったかと云いますと、代表的なところを見てみます。長州藩では天保十一年（一八四〇）から同十四年まで藩主毛利敬親と村田清風の財政改革がなされています。主な内容は、外患への危機意識から武備の充実のため、農本主義的な立場にかえり、財政の立て直しをはかり、士風の刷新や青少年の教化に努めたところです。ここには、単なる藩の立場を越えて、国家の立場への進展がみられます。幕府は、将軍家慶・老中水野忠邦のもとで改革が始まるのが天保十二年（一八四二）からで同十四年まで続きます。これは、幕府の財政・軍備を強化し、幕府の力によって危機を乗切ろうとする幕府中心主義であります。薩摩藩は、天保元年（一八三〇）藩主島津重豪・調所笑左衛門によって改革が始まりますが、藩専売制（砂糖）の強化による財政再建が主なる目的でありました。それが、嘉永四年（一八五一）に斉彬が襲封したことで、対外危機打開のための財政建直し、武備の充実を目的としたものに発展していくのであります。具体的には、尚古集成館事業が推進され、軍艦製造・物産開発などに見られます。それらは、今日鹿児島の尚古集成館に展示されております。これらの幕府や諸藩の改革の時期を見ても、水戸藩の烈公の改革が如何に天下に先駆けていたかを知ることができると思います。

一　烈公（斉昭）の決意と改革の眼目

それでは、烈公の改革への決意はどのようなところに表れているかを見てみますと「民は国の本也」とのいわゆる「民本主義」であり、「愛民専一」との考え方が根底に据えられていました。その愛民の政治を実現させるためには、先ず「横斂の政を罷め候こと専一」とありますように、不正な収奪を行なってはならないことを肝に銘じようと云っているのであります。（文政一二、一〇・一八、家老へ）そして、具体的にはどのような政策を進めればよいかと云いますと、およそ次のようであります。

自分は不肖の身でありながら、祖宗の遺業を奉じて士民の上に立居候間、及ばずながら日夜憂慮いたし候へ共、従来勝手不如意之上、度々の凶荒にて上下共いや増しに窮乏いたし、仁政武備をはじめ何事もこの所にて差し支えている。「如何いたし候はば上下勝手取り直し、国中一統夫々其所を得、安穏に立行様に相成るべくや。」

この中の、「国中一統夫々其の所を得る」というところは大変重要なところであると思います。国民が、それぞれ自分に適した働く場所を得て喜んで働き、安穏に生活すると云うことは政治の目指す大目標であります。これが、今日でもなかなか出来ないところです。水戸藩第四代藩主成公宗堯も「国を保ち人に上たる者は、家士国民をして、各々其の所を得せしむるを以て職分とす」と云っております。やはり「各々其の所を得ること」を強調しておるのであります。このことは、後に明治天皇が五ヶ条の御誓文を出されましたときに宸翰を発せられておりますが、その中に「天下億兆一人も其の所を得ざる時は皆朕が罪なれば」とあります。誠に恐れ多いことであります。しかし、これらによって「其の所を得る」ということを、上におる者が如何に重大視していたかがお分かりいただけたかと思いますし、私はここに大変感動・感嘆したものでございます。

それでは、改革の眼目・政策に移ります。

一　家中勝手相応ニ相成り候とても、城下住居にてハ譜代之家来扶助いたし候事も不二相成一、真実の武備相立兼候間、行々土着致させ古代の武士の如く相成候はば、定申候人馬心懸候事も相成り、宗族も繁茂いたし国の強みニ相成可レ申と存じ候處、いか様の組立にて模通りよろしかるべきや。

とある、この「武士を土着させること」が第一点です。それから、

一　家中の風義取直し、今日の行状ハ勿論文武の道相励み候様仕向候義ハ至て急務と存じ候間、国中最寄り宜敷キ所に学校を設け、子弟共右の中にて成長いたし、徳行道芸成就いたし候上、夫々召使ひ治教一致に相成候様致度候處、如何様の組立てに致し候はば行届可レ申哉。

とある「学校創設のこと」が第二点。さらに、

一　政事は経界を改正し候が本、武備は家中を土着に致し人馬を持たせ候が基、教は学校を立て候て学せ候が本に候へば云々。

とある「検地のこと」が第三点。これらに加えて「右三ケ条と家中総交代の義は、家督の節より度々申儀」とあるように、江戸在住の家臣を惣交代させることが第四点です。これらは家督相続以来しばしば述べてきたところであり、その外に常平倉・牧（牧場設置）のことなどが加わります。（天保八年七月八日家老共へ、『楓軒先生祕録』）

つぎに、この改革に家臣たちは積極的に協力をしたかどうかが問題となります。このことを、郡奉

行であった小宮山楓軒に見てみましょう。楓軒は、三十年間直接領民と接し、善政を布いて領民に慕われた立派な人物です。この楓軒が、烈公から改革について諮問を受けた時におよそ次のように申しております。

①　中年（七年）の大凶作も御高恩を以て士民の飢餓は免れたが、農民は借金に苦しみ秋作収穫があっても返済に追われ、勝手不如意は続いている。土着・学校の件も有難いことではあるが、凶荒続きの際であるから、どちらか一方は見合せたほうがよい。大名衆の中で学校が出来ても風俗取り直し、徳行道芸成就した話しは聞かない。当分は、現在の史館（彰考館）での講釈等を続ける方がよい。

②　土着は、山野辺氏を助川へ決定し（これは実現します）、更に一族の松平将監を郷宅にすれば一般の家臣の土着も進むであろう。将監の土着は長倉（常陸大宮市、旧御前山村）か八田陣屋跡（常陸大宮市）がよかろう。（実際には長倉となります）

③　経界を正すこと（検地）は中々難しいことである。ましてや今の凶歉《きょうけん》疲痩《ひそう》の民を使役することは人心を大いに動揺させることになる上、郡奉行が民を信用しているとも思えない中では実施の時期ではない。村々の収納も順調になり、心服の姿になり、納得して実施出来るように時を選ぶことが肝要である。三十年ばかり前の伊勢藤堂氏の騒乱はよい例である。（これは、農民約三万人ほどが、津の城下へ押し寄せ強訴したり打ちこわしたりして検地に反対した例です）

このように、楓軒としては改革遂行には反対でありました。しかしながら烈公としては、当時は天下一統、全体に賄賂が蔓延するなど風紀も乱れているときでもあるから、この水戸が正直になっていけば、水野（幕府老中出羽守忠成）にも大きな反省を促すことにもなろうとの思いもありました。（文政十二年十二月　別記上六）加えて、将軍家慶への「戊戌封事」があります。これは天保十年六月のことで諸大名からの将軍への初めての提言（天保九年八月草稿）でありました。内容は、内憂外患に分けてそれへの対処法　人材の任用、祖廟壮麗の改善、言路の開通、財政整理、賄賂の禁止、蘭国交易の廃止、武備の充実、キリスト教禁止、蘭学停止、大船の解禁、蝦夷地開拓など多岐にわたっておりますが、これらは明らかに幕政改革をも促していたと思われます。このような烈公の熱い思いを受けて、東湖も必死の覚悟で尽力せねばと決意されるわけです。

二　郡奉行・改革への参画

その東湖は、初めに郡奉行として改革に参画いたします。天保元年（一八三〇）四月二十九日に八田の郡奉行に就任します。この頃の郡は七つに分れておりました。翌二年に太田の郡奉行となり田見小路官舎に移りますが、その正月に七郡から四郡（松岡・武茂・太田・南）になります。この四郡の名称は天保十一年（一八四〇）九月十五日に東・西・南・北と変更になります。

東湖は、郡奉行として村々を巡回しますが、この様子や各村庄屋の人物評価を日記に認めております。これは、現在は彰考館に保存されております。しかし、実際に郡奉行としてその任に当たってみますと、なかなか容易なことではなかったようです。それは、次の天保二年の詩に見られると思います。

郡政への感慨（天保二年九月二十日）

一度官吏となりて辛酸を覚ゆ　　腰囲を減却して衣帯寛なり
愁意人に逼りて眠を妨げやすく　　江山眼に入るも観をなしがたし
非風落日秋天遠く　　峻嶺危巌行路難し
憔悴もと杯酌を絶つに因る　　漁翁作すなかれ楚臣の看

反対に喜びを見てみましょう。それは、太田村に新しく常平倉が完成し、それを見たときの感想です。

太田村新倉を観る（同年九月）

碧瓦は鱗の如く棟もまた隆し　　新倉築き得て年の豊かなるを喜ぶ
誰か知らん巌邑城傍の地　　正に是れ雄藩封内の中
寒民をして君徳を戴かしめんと欲す　　豈微力の天功を亮くるなからんや
何かまさに儲蓄千億に余り　　常平また漢代の風を観るべき

ここには、新倉建設によって、少しは改革の宜しきを得ることになるかとの期待が見られます。次の詩は「郡斎（宰）秋懐」です。

迂拙本古今に通ずるにあらず　感懐底事ぞ日に襟を沾ほす
君を憂ひ兼ねて處す撫民の地　吏となつて猶ほ存す呑虜の心
時に弓槍を弄んで運甓に代へ　也《ま》た詩句を吟じて當に琴を弾ずべし
無情の歳月何ぞ匆々たる　臥して聴く悲風萬林に鳴るを

ここには、「吏となつて猶ほ存す呑虜の心、時に弓槍を弄んで運甓に代へ」とありますように、東湖には郡奉行という一介の官吏ではあるが、対外への強い警戒心と配慮・決意を窺うことができます。

このようでありますから、東湖と烈公との間には深い心の通い合い、信頼関係が築かれてまいります。天保三年五月に定江戸通事に、同六年六月には御用調役（江戸勤）、更に同十一年正月には側用人となっていくのがそれであります。そのような中で天保八年七月十二日、藤田北郭・小宮山楓軒らと登城し、松平将監土着の件を論議しますが、烈公は楓軒の論が姑息で改革への意欲が乏しいと嘆いています。これについて七月二十七日の日記には（「丁酉日録」）、

（この日、謁見して小宮山楓軒と種々意見交換を勧むるに）小宮山へは元より用なし、家老共（が）召し候へとの事故召たれ共、一度召て議論を聞たるに何事も姑息にて有為の念なし、度々召候も益なしとの御事故、小宮山（楓軒）は一国の老成にて人望の帰する所なり、その学術人物議すべきものなきにあらずといへども、江水執政の信用する所也。さればこれを疎じ玉ひ、執政らの望

を失ひ遊ばされんよりは少しく顔色をかし玉ひ議論を尽くさせ玉ふも亦人君の御職なるべし。

とあります。これは大変偉い言葉であると思います。烈公の楓軒への態度、姿勢を誡めておるのであります。藩主への諫言であります。これによって、東湖が烈公に如何に信頼されていたか、東湖もまた、如何に真剣であったかもお分かりいただけると思います。それでありますから、烈公も天保九年（一八三八）五月に戸田銀次郎に宛てた手紙の中で

川瀬死去（五月二日、舌疽、六十二歳）いたし候ては右に引続き候人物は、虎（東湖）より外には無レ之、国家の宝に候故、何分眼病等幾重にも養生相加へ候やう可二申聞一候也（『水戸藩史料』別記上、五七八頁）

と、東湖を「国家の宝」と称えています。このように頼りにしている人物であるから、当時病んでいた眼病を、「早く治療いたすように申し聞かせよ」と戸田に命じているのです。また、東湖にも、直に、

石灰多入候酒など用候義は用心可レ致候。川瀬泉客と相成候上、又また虎にても病身等に相成候へば、孤独と相成り、何れにも我等一人にては不行届き候へば、為二国家一用心可レ致……虎の義に付、外に心配は無レ之候へ共、酒にすぎ候て自分の身を殺し候計は甚安心致し兼候ゆゑ、多くは常々不レ用様致度。（『水戸藩史料』別記上、五七九頁）

と、質の悪い酒の飲み過ぎを忠告しています。川瀬は既に亡く、虎おまえも病気になったら自分は孤独になってしまう、国家のために用心せよとのこと。これこそ、正に君臣水魚の交わりと云えるであ

りましょう。このような人間関係の中で改革は推進されていくのであります。

三　大塩平八郎の乱

ところが、その最中の天保八年（一八三七）二月十九日、大塩平八郎の乱が起こります。烈公は、この一週間前の二月十二日に小石川邸の後楽園琴画亭に御遺物（家康が関ケ原合戦に用いた遺物で水戸家に伝来の物）を飾り、自らこれを拝するとともに、家中の諸士もまた甲冑を着けて芝野に整列し、烈公に軍礼をしています。これはやがて追鳥狩に発展していきますが、これを見た諸藩の人々は、今頃このようなことをするとは、水戸の殿様は変人ではないかと怪しんだものでした。ところが、このたび大塩平八郎の乱が起こってみますと、大名小名がにわかに武器の用意に奔走しだした。しかし、水戸家の屋敷には既に武器が用意され旗指物に至るまで備わっていたのです。この時にいたって、世間では烈公の先見の明があったことに感心したものでした。これが、先憂というものであります。（『常陸帯』「追鳥狩によせて武備を整へ給ふ事」）

それでは、東湖がこの大塩平八郎の乱にどのように対応していったかを「丁酉日録」（天保八年）を中心に見てまいります。三月二十日には、次のように記されています。

昨夜の烈公から家老戸田逢軒への親書の大意は、「過日の大坂騒動京師へも程近きのことにて容易ならざることとなり。幕府への御嫌疑だになからば、かしこくも御使を以て主上（陛下）の御機嫌御伺ひ遊ばれたく思召し候得共、（幕府からの）御嫌疑もあることなれば、京都へさしをかれ候御留守居役を以て御機嫌御伺ひ遊ばされては如何あるべきや、虎之介（東湖）等へ相談の上執政へ談候へ」との御事でありました。これを聞いた東湖は、「雖身在外云々の古訓」、即ち、自分は直接陛下にお仕えする身分ではないが、勤王の忠勤止み難くなる古訓にも叶うご配慮に感嘆して、思わず落涙数行に及んだ。（要約）

東湖の感激も如何ばかりであったかが分かると思います。

三月二十七日には、台御庭に烈公から急なお召しがあり、相談を受けました。次のようであります。

汝を呼んだは他事にあらず、時ならぬ冷さといい、毎日空かき曇り、あるいは雨降り出し、南北風打交じり雲の行き交う景色、いと怖ろしく覚えたり。去年の凶荒にて天下万民飢に悩める折り、また今年も五穀実らずんば、天下の民いかばかり苦しまんと思えば、心穏やかならず安じ難し。公辺（幕府）にても、いかにも救荒撫民の政あるべきと思いの外、奢侈の風日々に甚だしく、しかも来る四月初めには両丸御移替の式を行ない、また九月には将軍宣下あるべきよし。天下諸侯幾巨万の財用をか費さむ。我かつてこれを憂え、去年九月十五日の登営の折り、老中共をよびて、凶荒の年大礼を行なわせらるるは如何あらんと論じたるに、老中共何の返答・対応もなさぬばかりか、その後家老中山備前に伝えて、営中にてこの後唐突に議論などせぬように心得よと云ってきたとのこと。

我以ての外気色を損じたれども、かかる家老共へいか程存意を述べたりともせんなきことと今日までは黙々せしが、このころの気候と云い、また浪華騒擾のことなどを思えば、片時も黙止難し。よって明日不時に登城して老中共を残らずよび十分に国家の事を論じ、倹素に返し、中興一新の説を述べむと思うが如何。（要約）

とのことでした。

これを承り、彪（東湖）は元よりそうあって欲しいと思っていたので、「いかにも仰せの如くに存ずる」旨お答えしようと思いましたが、君の英明に対し、幕府には兼ねてから忌み憚る人も無きにしもあらずでありました。それだけに、なまじいに御建議をなされても、其の事が行なわれないばかりか君の御身上に障りがあるようなことにでもなれば容易ならずと思い返し、時勢や人情などについて彼是と申上げましたところ、烈公も、

容易《たやす》からずは思召けれども、知りて云はざるは不忠と思ひこのやうに覚悟せり。されば明日我が登城せんといはば、役人共申留むるならん、たとひ役人共とどめずして登城せしとても、幕府の政府わが議を受けずしては申述る詮なし。さて、汝（東湖）が兼ねて懇に交り深き川路三左衛門（聖謨）は、幕府の吏にて事情にも通ぜる人と聞及んでゐる。急ぎ行きて窃に語り試みよ。

との仰せを受け、御前を立ち退こうとした時に、烈公が手づから摘まれた蕗草を下さったのでそれをおし戴き、元の道より立ち出て舎に帰り、取り急ぎ川路宅に行き、事の由を告げたのでありました。

因みに東湖は、天保四年（一八三三）に初めて川路に会っていますが、この時は「この人物ただならぬものあり」と感じたと記しております。それ以後、昵懇になっていたようです。

東湖から話を聞いた川路は掌を拍て、

　烈公が国家の為に憂える心の厚さを感じ、しばし黙して考え、さて「烈公の憂慮し玉へるは誠に有難き御事なり、されど昔の世とはこと変はり、今は三家の君不時に登営し玉ふこともなければ、君俄かに登営し玉はば其御志の深切なるは云はずしていと荒々しき御振舞と非難されるやも知れぬ。また大久保加州（忠真）が世に在りし日は、正しき道も聊か取用ひらるる勢ありしが、加州身まかりし後は有志の説も行はれず、烈公の御説は国家の大議にしあれば、加州存命にても容易に行ひがたかるべし。況んや、加州既に黄泉の客となりては兎角の論にも及ぶまじ。某（川路）は司農（寺社奉行吟味取調役）の一吏なれば、政府の事情は知らざれども、某へ相談されても、それは宜しとは御請け申されず」などと彼是談義をかさねたのであった。

　兎に角、当時は奢侈が甚だしく、しかも閉鎖的な風俗が日に日に甚しくなり、川路も心中、実に無念の様子に見えたので、帰りて川路の説くところをよくよく申し上げたところ、烈公も「さこそあるらめ」とて、御登営の事思し止め玉いけれど、ますます憂苦の情が強くなられたことは恐れ多いことに思われました。（要約）

ここにも、烈公と東湖との深い心の結び付きが窺われます。

さらに三月二十八日になると、烈公の依頼を承けて「大坂騒擾、畿内の地にしあれば、宸襟如何おはすらむ」と殿下（関白鷹司政通）への御書の案を草しています。ところが、三月晦日になって、

一昨草する所の関白藤公へつかはさる御書案、今日参政近藤氏を以て覧に備へたるに、草案いと善く書取たり。然るに、このことさきつころ政所どのへこの奥向より文遣し、我等のひそかに心をくだけること、はやくも関白殿へ達せしのみならず、天聴にも達せりと昨日京師より帰れる花の井より聞たれば、そのうへに又関白どのへ書を贈らんもいかがなれば、このことは思ひ止ぬべしとの御事也。

とありますから、この草案は出されませんでした。

ところが、四月九日になりまして、韮山代官所へ書を遣し、大塩の密書を手に入れるようにとの烈公の命令が下ります。それは何故かと云いますと、三月十四日に韮山御代官江川太郎左衛門から東湖に一書が参り、その中で「東海道にて大塩平八郎より閣老並びに林大学頭へ与るの書手に入たる中に、水戸公へ奸賊より呈するの書一通あり」とあったその密書のことなのです。その背景を要約してみます。

大塩の老中・烈公等宛書簡は一旦江戸着。気付いた大坂町奉行跡部山城守良弼が直ちに返却命令を出す。このため、江戸定飛脚配下の定五郎がそれを持って大坂へ向かいますが、川崎の宿で発病し、箱根宿で交代するのです。この箱根宿の定飛脚与三兵衛が三島町の飛脚人足藤蔵にその任

を依頼したのですが、藤蔵も途中で発病し、通り掛かりの知人清蔵に依頼するのです。ところが、清蔵は強欲な男でして、途中で中身を盗もうと荷開けをします。しかし、中身は単なる文書です。そのため清蔵は、三島宿の手前で江川支配領であった塚原新田村の山中へ捨ててしまったのです。その頃、大坂から不着の催促を受けていた箱根宿の与三兵衛が不審に思い、もしやと探索していて幸いにも三月五日に発見し、江川代官へ届けたのです。

江川は、この密書をすぐに全部内々写し取っています。それを烈公へ届けたいと思うが、如何なものかと東湖に尋ねてきたのでした。そこで東湖は、「江川、実に我公の御為を存し候ならば、直にその密書どもを写し取り我へ遣し、一覧の上公へ呈覧するとも又は返すともせよと申遣すべき筈なるに、先ず我へ聞たる上にて密書を写し出すべしとは心得がたきなれば、我は取敢ず、奸賊の書を内々にて水戸殿が一覧いたし候はずはなし」と答えています。烈公に大塩平八郎の書簡を取り次ぐことは、烈公が大塩に味方する反幕府的な行為と誤解されかねないことであったのです。その辺りの理由は、詳しく執政である（鵜殿）清虚と相談の上で、翌十五日に烈公へも言上したのでした。然るに、大坂から吉野方面へ逃亡していた奸賊大塩が遂に追いつめられ、やがて放火して自害してしまいます。これが、三月二十七日です。このことを烈公も聞かれて、今は嫌疑もあるまいと思われて、大塩の書簡を手に入れよとの命令になったのです。

そこで東湖は、「斎藤弥九郎、去月中より江川の頼みにて浪華へ赴き近々帰着すべし。弥九郎に逢ひたらば江川の心中も明白に分り候半と存ずる故、一と先づ弥九郎へ対面の上、江川へは一書を贈るべきよし」返事として言上しました。この斎藤弥九郎と東湖とは、神道無念流の岡田十松門下生で、江川太郎左衛門も同門でした。江川は、東湖と同じく武士の土着論を説き、また農兵論も唱えています。斎藤は、この江川の援助で剣術の道場を開きます。その道場が火災に遭い、その後は東湖の斡旋で烈公の扶持を受けていました。

三月十五日の午後四時過ぎ、留守中に斎藤が訪ねてきたことを知った東湖は、早速飯田町の斎藤道場を訪ねます。斎藤は、既に一昨日帰宅しておって、共に数時間対話します。「大に浪華の情実を得たり」と云っていますから、かなりの成果があったものと思われます。実際、それは「浪華騒擾記事」としてまとめられました。東湖には、直接大塩平八郎及びこの乱を論じたものはありませんが、大塩平八郎を評したものとしては最も優れたものと現在でも云われています。これを、四月十一日に烈公に呈しました。この時にも、烈公は「平八郎の密書早くみたし。韮山江川へ催促せよ」と東湖に命じています。しかし、結局は烈公の願いは実現しませんでした。幕府からの嫌疑を恐れた江川が拒否したのです。

四　浪華騒擾記事

ところで、東湖がまとめた「浪華騒擾記事」でありますが、これは三月上旬に事件を知った江川太郎左衛門が、内密に斎藤弥九郎を大坂へ派遣し真相を探らせるのです。弥九郎は、かつて大塩の同僚であった玉造口御先手与力本多為介よりそれを聞き取り、四月七日江戸へ帰着、東湖が斎藤に対面して更に聞き取り筆記したものです。しかも、それは本多為介の観察・口述したことであることも注目しなければなりません。それを、素直に冷静に筆記したところに東湖の平八郎への心情が窺えると思います。例えば、「大塩平八郎儀、中々凡人には無レ之、文武才力は勿論、人物行状等抜群の者にて謀反一揆等企て候ものとはゆめゆめ不二心付一候」とあります。これは、八年前の播州の百姓一揆の首謀者召取りが延引している件について、平八郎・為介ら役人が会談した際に、大塩平八郎が次のように語ったことを判断しているのです。

　一体、太平打続き候故、天下一統奢侈増長、役人共奸曲の所行のみいたし、最早天道にも御用捨なき筈に候へば、七八ケ年の内には、必定大凶作到来、世上難儀可レ仕候。されば只今之内より、御手当有レ之候様致度、其仕方は斯様々々にいたし、万一凶作の備を致候はば合可レ申候。

　左も無レ之候はば、摂河泉播の民、皆飢餓に及び、必至と難渋差見候間、此事精々工夫の上、度々上訴いたし候得共、分寸の御取用ひ無レ之。これ即ち役人共己れが身上のみ肥し、民の艱苦を顧みざるゆゑに候。されば数年之内大凶作到来、万民飢餓に及び候はば不レ得レ已候間、天道に代り、諸人を救ひ、奸曲の役人共を見せつけべきものを。

これを聴いた為介は、「するどき目にてにらみつけ候様子、今も尚目に見え候様覚候。其節はけしからぬ大言を吐ちらし候事よと、うはのそらに一同承り居候處、今更考候へば、最早此ころより心中には有レ之候事と相見へ候」と感嘆し、感慨に耽ったのでした。

また、東湖はその著「見聞偶筆」の中で、昵懇であった勘定奉行矢部駿河守定謙の大塩平八郎評も記しています。即ち、「反逆とは不レ存候。平八郎は、所謂癇癪持の甚だしき者なり。（中略）罪状を責るもさる事なれども、其人既に自ら焚死黒焼になりたる平八郎へ如レ此罪状を与ふるは公裁とはいひ難し。人心の霊、愚夫愚婦までも今に平八郎様と称するは、陰に其徳を仰ぐにあらずや。（中略）平八郎年来の忠憤はさることながら、憤激のあまり其跡、反逆に等しきことを仕出したるは、上をも不レ畏大不敬といへる事にて、裁判せば平八郎死せりといへども甘じて其罪を受け、又大坂の人心をも圧倒すべし」と。矢部もまた大塩を好意的に見ていたと云うことができましょう。

ただ東湖は、三月五日の硯鳳君（戸田蓬軒カ）宛の書簡で、

> 扨今日、佐藤捨蔵（一斎）へ対面、一々承候處、平八（大塩）の心中愚察に少も相違不レ仕、誠に大胆不敵の事共に御座候。堀伊賀守（大坂西町奉行）は、林大学頭のむこに候間、事情悉く相分申し候。平八の謀ぐれ候は、全く御当代御厚運にて、天と奉レ存候。是迄は天にて押し抜き候間、此上は右を幸ひに、天下の人気をふるひ起こし、一世の武備を修め、弥太平を持張り候儀、当今の急務勿論に存じ候處、貴諭の通り、人々如レ夢控居候段、憤激此事に奉レ存候。平八たとひ一旦はグレ（逃亡）候とも、いよいよ召捕に不二相成一内は、決て油断不二相成一候。（『近世日本国民史』27）

と述べ、この事件は世間の人々に警戒心を持たせるよい機会であると捉えると共に、非常に警戒していたことも確かでした。

五　四大改革

郡奉行として農村の実態に触れ、また烈公の信頼、大塩の乱からの危機感を背景に、東湖は改革への気概を一層燃やしてまいります。「無題」として、

瘦梅積雪を凌ぎ　　孤松厳冬に傲る　　男児気節を尚び
遂に桃李の容を作す　　懐抱三千載　　憂憤一萬里
又杯中の物を引き　　淋漓心胸に澆《そそ》ぐ

と詠じ、また「感有り」として、これは「正気の歌」を簡単明瞭にしたものと思いますが、「至大至剛の気、由来天地に塞つ、誰か知る方寸の間、唯一無愧あり」と詠んでいます。東湖の覚悟がひしひしと伝わってきます。

(一)　土着

それでは、具体的に四大改革にまいります。まず、土着論についてでありますが、天保五年（一八三四）に書かれた「西山屯田の議」を見てまいります。およそ、次のようであります。

百余年の今も義公の精霊在すが如くの西山であらねばならないのに、現状は僧侶が住まいして、久昌寺の末寺と同様である。義公十七回忌の享保元年（一七一六）に制作された義公の尊像が文化十四年（一八一七）の火災によって焼失していたが、今年再興された機会に、藩士の手で守護すること。太田城の守備を兼ねて、藩士を土着させる。義公の命日・記念日の参拝や火災防止に努める。太田城守護のことは誤解を招くため表面には打出さず、西山衆などと称する。

土着の人数が多くなり、狩猟や耕作にも余る場合は御文庫へ書籍を蔵し読書させる。これは屯田の中に学校の意味を含むことになる。土着藩士の待遇は郷士扱いとする。屋敷割りは、農民とは区別し、集落的に多人数を集合させること。一般武士の土着の先例となるが、不平不満は避けられない。しかし、心ある者は必ず願い出るであろう。

上級武士は土着を承認するであろうが、難しいのは一般の平士である。西山土着の儀はその平士土着試行の最上の策である。自分は、土着の場所は、城下周辺・湊・太田・部垂・馬頭・大子など樞要の地がよいと思う。（常平倉もこの様な場所へ設置すれば最上策であろう）

これは、先年西山へ参った時、余りに僧徒の臭気が強く、ふと家中持ちにすればと思い先臣（幽谷）に話したところ善し悪しは言われず、尊像さえ焼失するほどの気運の中、そのようなことを申すは迂言の最上だと笑われたので、以後一切口外しなかった。土着・農兵の儀は、親友たちと参会の度に種々議論はしていたが、この西山土着の事は一心の秘策にしておいたのでよく相談もしていない。そのため問題も有るかもしれないが、殿様にも土着のお考えがあるので申上げた。これは、義公を尊崇してその遺風を顕彰することであり、武人剛健の風を維持することであり、経済的考察から唱えられたものであった。

この武士土着の本格的な論は天保八年（一八三七）に出されました。この時、同時に「上下富有の議」も書かれています。土着論の内容は次のようであります。

（1）禄高百五十石以上の武士を城根廻り二里以内に土着させ城へ通勤させる。百五十石以下の武士は従来通り城下居住とする。

（2）城下に屋敷をもつものは五百石取り以上の武士に限る。千石内外の大身武士は、遠方に屋敷を構えてもよい。

（3）城下廻りの土着場所を四・五組に分けて、大身の者を頭として指図通達を取り扱わせる。

（4）土着の武士には田畑の所持を許し、自作させるか、田畑の買い入れには制限を付ける。

（5）城内には学校を、土着の組ごとには郷校を建て、成人は学校で、幼少の者は郷校で修業させる。

（6）城下町を縮小して郷分とする。上町では五軒町・備前町辺りまで田畑を開き、下町でも七軒町から七町目まで残してその他は郷分とする

（7）土着させる百五十石以上の武士は三百人である。一年間で三十人づつ移せば十年間で完了する。屋敷は平均三反歩として三百人で九十町歩九百石あればよい。この一人分の土地購入費用は、五

石取りの武士一人分ですむ。

この土着の実施については、東湖が水戸調役山口正徳と白石隆重に宛てておよそ次のように語っているのは、当時の心境を知る上でよい史料かと思います。

土着之義よきには相違無レ之候得共、二百餘年城下住居之制度一変候事ゆへ不二容易一云々貴諭御尤千万奉レ存候處、能云御評議詰に不二相成一候ては不二相叶一義勿論と奉レ存候。学校之義も羅漢堂（酒門村巨観なるも保存悪く七十餘年で朽ち崩壊）の様にてはだめと奉レ存候。兎も角も御勝手の規矩相立不レ申候ては何事も破れ申候。（『水戸藩史料』別記上　五六九頁）

この土着の件は、まず天保七年正月、先手同心頭安藤為由・平尾清行らを海防役として部下兵士と共に大沼・友部などの海岸へ土着させます。同年五月には家老山野辺義観を海防総司として多賀郡助川村に土着させました。現在は助川海防城跡として知られています。さらに同月、付家老中山信守を一年間の予定で多賀郡松岡へ帰す旨が内達され、翌八年八月に中山は帰邑します。同八年九月六日、松平将監頼位を長倉へ土着させ西方の鎮とさせたのもこの土着の一例といえます。

（二）　惣交代

第二番目として家臣の定府制を廃止、即ち惣交代制があります。これは天保七年（一八三六）在江戸の藩士を減じて諸事水戸表を根本とするというものです。三月二十八日に用達以下要職の定府を廃止し、百余人の国元帰住を発表しました。追加を加えると二百余人になります。さらに妻子・家来・召使らが含まれますから、これらの数は天保十年の江水規式帳に記載された藩士の約八パーセントに当たると云われます。彼らは、空き地や広い屋敷の一部、或いは元中山備前守下屋敷を新屋敷として整備し、一大都市計画をなしました。そこには、桜・松・梅・桃・柳・花・桐・紅葉・常磐等の小路名が付けられたことはご承知でありましょう。

しかし、これも容易なことではなかったのです。東湖は、これをどのように評していたかと云いますと、それは東湖の著『常陸帯』に記されています。原文でまいります。

江戸の邸に残りてある者も、皆定府といふ名を止め長詰と改め給ふ。幾年か邸中にすめる女童等、いかなる深山の中に移るにやと思ひて家々の歎き大方ならず。是かれの障など言ひて、一日づつも止りなむとせしが、やむべきにあらざれば其年の夏秋の頃までに皆移りけり。……折りしも其年穀物実らず、関東の国々特に甚しく、貧き民飢を凌んでいやが上に江戸に寄集ひぬるにぞ、穀の値いやまし貴くなりて……諸大名是が為に大に苦しめり。我が邸中も、先の如く男女夥く住たらんにはいか許りか苦しむべかりしに、さばかりの嘆きもなくて過ぎにしは、是偏に君の御決断にて、定府の人々を減じ給へる故にぞありける。此事、後より見れば大なる事業にもあらざれども其時にありてはたやすからぬ事にぞありける。

（三）　学校

つぎに、第三番目として学校のこと、即ち弘道館創設に移りましょう。弘道館と東湖に関して申しますと、天保八年六月に館記起草の下命があり、七月三日には「弘道館記」の成案を呈上し、それが九年三月に公表されました。続いて十年正月には敷地が決定され、同年十一月に学校造営御用懸を命じられ、十二年八月一日に仮開館の運びとなり、翌十三年五月四日には弘道館制度懸となっています。なお、本開館は安政四年（一八五七）五月九日であります。

この弘道館記を東湖が起草し、成案を作成するについては、天保八年（一八三七）九月二十八日付け会沢正志斎宛の書簡に窺うことができます。（「東湖先生の半面」）

一　黌舎碑之事、去年中にあなた会沢正志斎に依頼があったのに、謙遜をもって辞退されたので自分東湖に廻ってきた。最初は烈公の御仮名書きを雷公（侍読菊池善左衛門）が漢訳したので殊の外難しくあったけれども、どうかこうか弁破立稿したところ、お前の学んだ処はしばらく置いて自分烈公のお考えに従えとのご様子だったので、果たして烈公の意に叶ったかどうか心配である。たゞし、烈公が、これを彰考館の学者たちに諮問した上で幕府の昌平黌の塾長である佐藤一斎に最後に見せるのでは、佐藤が決めたようで宜しくない。水戸の青山雲龍や彰考館の学者たちに図って、最後は烈公が決定されたとするのが本筋であると。

また、祭神のことについても述べております。

最初烈公は、神武天皇をお祭りの御意で、村松の伊勢大神宮や湊の柏原明神を考えておられた。そこで、日本では人臣として天祖・天子様をお祀りすることはなかった。ここは、常陸国鹿島神社の祭神・文武兼備の神である建御雷神がよい。この神は、神武天皇の国土統一の大業をお助けした神でもある。

このことは十分ご理解いただきました。また、孔子を祀ることについて、大陸の学問を整えられた師である孔子を祀るのは当然であり、当代第一と認められる佐藤の意見を求めるのも自然である。東湖は、天保三年（一八三二）に神書取調の下命を受けて以来、神道の研究を続けて天保五年には「神道備考」をまとめていますが、ここの祭祀論にはその成果が十分生かされていると思います。

そして、東湖としては、この「館記」が「神州の一大文字にもなる」、つまり日本一の文章とするつもりであったこと。完成の上は、この教えが「東藩（水戸藩）学術の眼目となり、推して天下に及び、わが国が外国の辱めを受けないようにしたい、これが日夜の志願である」こと。これらによって、東湖の大変な決意を知ることができます。

また、烈公に対しても細部にわたって進言しています。（「東湖先生の半面」）

一　鹿島神社御建立之事

但鹿島御神体は鏡と相覚申候間、やはり鏡御用ひにて可レ然奉レ存候。夫に付而は、只今之内より鏡鋳立、被二仰付一候方可レ然哉。御国にては銅は生じ不レ申候へ共、錫は御国産を御用被レ遊度事に奉レ存候。（神職は誰へ命ずるか。祭礼の回数・方法は。普請仕様は靜・吉田神社様式でよかろう。）

地所はいづれ兵庫（山野辺義観）揚屋敷之内、高地之方にて御選、可レ然奉レ存候。

一　孔廟御建立之事

（前略）鹿島神社よりも御入用相過候様にては相当不レ致候間、悉くざつと御出来可レ然奉レ存候。

一　御碑御建之事

但、右は何共乍レ恐万々年の後に至候へは、鹿島孔廟御碑と鼎足の如く罷成候儀差見候へは、上の御神体御同様之儀極めて諸事乙甲に罷成候半奉レ存候。（後略）

一　学校にて学問吟味の振合、至而肝要と奉レ存候事

学問は人の人たるを学び候道にて御座候段、不レ及二申上一候處、学問と申候へは何歟一芸の様相成候儀嘆敷儀に御座候。此度の学校は、天下一に不レ被レ遊候而は、御建立の甲斐も無二御座一候間、何とぞ学問事業一致に被レ遊候様不レ堪二至願一候。（後略）

ここにも、烈公と東湖との深い信頼関係を窺うことができましょう。

(四) 検地

最後に、第四番目として経界(検地)と東湖との拘わり方を見てまいります。天保九年十二月二十二日土地方改正懸となりますが、翌十年十一月には免職となります。しかし、翌十一年一月二十一日には再び土地方改正懸となり、同年七月二十四日に藩内総検地を開始され、同十三年十一月二十四日に総検地が終了します。この検地について、東湖は『常陸帯』の中で次のように記しています。

天明・寛政の頃　文公(六代藩主治保)専ら民を恤み給ひ、文化の初め武公(七代藩主治紀)にも政事に心を盡し給ひしかば、その頃より田畠の界を改め正さずしては貧しき民蘇息する事難かるべしと其職に備はれる識者、よりより議論ありけれども、是を行ふ時は富める民は俄かに利を失ふ事を嘆きて上を怨むべし、貧しき民は喜ぶべき理なれども、多くは愚なれば富める者に欺かれて上を疑ふべし。凡そ民は、富めるも貧しきも上を疑ひてややもすれば下を損し、上を益ん事のみ計ると思ふわざなれば、田畠の界を改めむ事容易からずとて其事行なわれ難くして過ぎにしが、中納言の君には公子(部屋住)にておはしし時より農政の書数多読考給ひ、事情を明らかにし給ふにぞ。御代の初早くも経界改むべき事を郡奉行に計り給ふ。

郡奉行も君の御志非常にましします事を感じ奉りけれども、容易く行ふわざにあらざれば、一同僉議して先輩の識者の議論など具に申上、さて君の仰の如くいかにもして経界改正すべき事に覚え侍りぬれども君はいかばかり仁政を施し給ふ御心にても民未だ御恵みを蒙らざれば上を疑ふ心なしといふべからず、いざかく迄に　思召しのましまさむには、先づ奢侈を抑へ倹約を教へ御怠りなく仁政を施し給ふべし。国中の民君を仰ぎ奉る事父母の如く、我君は露許りも疑ひ奉るべからずと人々懐き奉りし時に至りて経界を正うせん事、何の子細あるべきと申上ければ、君實にもと同じ給ひて専ら政事を励み給ふ。（中略）

検地は、これまで難事業であると避けてきたことだけに、まず藩主と領民との信頼関係が前提であり、これの確立に全力を挙げることだと訴えているところ、実地に当たる郡奉行たちの必死の覚悟が見られます。この家臣たちの至誠に感じ入った烈公も、また流石です。小石川屋形の格天井を止め、その費用を鰥寡孤独の民に賑給するなど、実際にこの考え方を政治に生かしてまいります。

こうしたことから、国中から明君と仰がれるに至ったと称えております。

検地は、天保十年（一八三九）四月四日に幕府へ実施を申請し、同月二十二日に許可がおります。具体的には、藩内四郡を四分けして一六組三二人の縄奉行（後二四組）。郡方役人二・三人、郷役人（大山守・山横目三・四人）、村役人（庄屋・組頭等から五・六人）らが任命されます。この近くで云いますと、上国井村（水戸市）実施の郷役人は菅谷村横須賀勘兵衛・飯田村青山四郎・戸村館八郎衛門・野口村大沢次左衛門らが任命されています。また、農事に鍛練なる者を老農、その他竿取・縄取らで組を編成しました。東湖や吉成又右衛門らは、小田村（つくば市）の農政学者で測量術に堪能であった長島尉信らを招聘しましたが、石神外宿山横目黒沢覚衛門も測量に推薦された一人でした。

この検地の結果は検地帳に記録されました。検地帳は二部作成（城内と村々）し、村毎に検地絵図二冊（役所と村々）を描き保存されました。、用紙形式は西之内竪帳でした。

ところで、この検地絵図は全国的にも少ないものです。元県立歴史館史料部長の佐藤次男さんは、丹念に県内の市町村を訪ねられ調査された結果、七点ほど発見されております。旧内原町から二点、那珂市から一点、大洗町、旧美和村、水戸市、日立市それぞれ一点です。これほどまとまって発見されているのは全国的にも珍しいことだそうです。それでは誰がこの絵図を描いたのかといいますと、一人は村内の絵の達者な者です。中には他村の者も描いたようです。また、絵図師としては常陸大宮市若林生まれの亘罨幽がおります。水戸藩の絵師萩谷罨喬の弟子でありました。今後、更に発見されることを期待したいところです。

農民の抵抗を懸念した検地も無事に終了したことに対し、東湖は『常陸帯』に「経界を正しくし給ふ事」として、次のように感慨深く記しています。

　仁政といへるものは、まのあたり其験し見えずとも、日を重ね年を経るに随ひて其沢大なるを宗とせり。二百年このかた紛はしく乱れたる田畠封内の隅々まで縄打渡し、土地の美悪論ひ定めて民の産を均くし、禄を平らかにし給ふ事誠にこよなき仁政と申し奉るべし。

　其実地を踏まずして其事業の跡をのみ見聞なば、縄の打ち様、位の定めぶり、租税の定めかたなどかしこは斯くありたく、ここは斯くなし度きものをなどといふべけれども、昔世の中の人兵乱を厭ひ、いかにもして田畠作らむと思ふさまなる時には、経界正しぬる事もなし易かるべし。今、太平の御代年久しく上下こもごも利を取るといふにも似よりぬる世の中に、土地を改る事はいといとなし難きわざなり。

水戸の封内狭しと雖も、幾万人の民草露許りも心を動かさずして大業を畢ぬる事、君の仁徳民の心に感じぬる事の深きを知るべし。されば何の国にもあれ、今の世に当りて易らかに経界正しぬるよしだに聞かば、其手振りの善し悪しは兎もあれ、其君こよなき仁徳ありと思ひやるべき事になむ。

おわりに

こうして、東湖が烈公の片腕となって補佐し、遂行された水戸藩の天保の改革は着々とその実を揚げていったのです。ここには、神道研究に見られるように、学者としての探求心旺盛な東湖と、烈公と共に領民の立場も理解しながら具体的に政策を遂行していく行政マンとしての誠実な東湖を見ることができます。

あとがき

　現在、特に日本の国内には古来の美徳であった信義の尊重、責務の遂行が失われ、「偽物」や「欺瞞」、「自己本位」や「利益本位」の思考が溢れている。歴史を忘れ、現在をのみ視野に入れて生きてきた結果である。今やまさに「彰往考来」、先人の遺された優れた過去に学び、未来を開いていかなければならない。水戸藩の学問は、現実の国民生活の改善は勿論、広く世界的視野の下に国家としての政治外交を考えるものであった。その根底には、自らが厳しく求めた学問があり、そこから生まれた心身共に尽くしきる情熱があった。そのような人物に出会った領民は幸せであった。

　しかし、これらの美徳は過去のことではない。今、正に強く求められているものである。また、水戸の教学は単なる大義名分、イデオロギーではない。厳しくも温かな心を生みだし、実践する学問である。藩主や家臣、郡奉行や領民たちの緊張の中にも溢れ行く「信」に基づいた人間関係。封建時代と批判されがちな時代にも、優れた心の交流の世界があった。ここに視点を置きつつ学んできたし、これらを思い起こしつつ残された人生を生き抜きたいと思っている。

　本書の出版に当たっては、史料の掲載についてご快諾いただいた国立国会図書館、東大史料編纂所、常磐神社、茨城県立歴史館、水戸市教育委員会、また鋭意御尽力いただいた錦正社社長中藤政文氏に深く感謝申し上げる次第です。

平成二十年六月

著者

初出一覧（初出誌は次の通りである。採録に当たっては、一部補訂してある）

一　海防勅諭と水戸烈公　『水戸史学』第三十三号（平成二年十月発行）
二　義公・烈公と領民　平成十二年度常磐神社水戸学講座「義公三百年祭・烈公生誕二百年祭の年を迎えて」
三　烈公の就藩と額田村鈴木家　『水戸史学』第五十二号（平成十二年六月発行）
四　水戸藩郡制の変遷と郡奉行　茨城県立歴史館報17（平成二年三月発行）
五　郡奉行―その領民への思ひ―　『水戸史学』第五十号（平成十一年六月発行）
六　小宮山楓軒の半面　茨城県立日立第二高等学校『紀要』（平成十五年三月発行）
七　天下の魁をめざして　平成十年度常磐神社水戸学講座「藤田東湖先生に学ぶもの」

装幀　吉野史門

著者略歴

仲《なか》田《た》昭《しょう》一《いち》

昭和18年10月	那珂郡芳野村生まれ
昭和37年3月	茨城県立水戸第一高等学校卒業
昭和41年3月	茨城大学文理学部文学科(史学専攻)卒業
昭和41年4月	茨城県立岩瀬高等学校教諭
昭和50年4月	茨城県立佐竹高等学校教諭
昭和61年4月	茨城県立日立第一高等学校教諭
昭和62年4月	茨城県立歴史館主任研究員
平成5年4月	茨城県立歴史館学芸第二室長
平成7年4月	茨城県立太田第一高等学校教頭
平成11年4月	茨城県立水戸第一高等学校教頭
平成13年4月	茨城県立日立第二高等学校校長
平成16年3月	定年退職
平成18年4月	那珂市歴史民俗資料館館長(嘱託)
主な役職	水戸史学会理事
	根本正顕彰会理事・事務局長

〈水戸史学選書〉 水戸藩《みとはん》と領民《りょうみん》

平成二十年七月二十日 印刷
平成二十年七月二十六日 発行

※定価はカバーなどに表示してあります。

著者 仲田昭一
企画 水戸史学会（会長 宮田正彦）
発行者 中藤政文
発行所 錦正社
〒一六二―〇〇四一
東京都新宿区早稲田鶴巻町五四四―六
電話 〇三（五二六一）二八九一
FAX 〇三（五二六一）二八九二
URL http://www.kinseisha.jp/

印刷所 ㈱平河工業社
製本所 ㈱ブロケード

ISBN978-4-7646-0281-6

関連シリーズのご案内

〔発行　水戸史学会・発売　錦正社〕

錦　正　社

〒一六二―〇〇四一　東京都新宿区早稲田鶴巻町五四四―六

電話〇三(五二六一)二八九一　FAX〇三(五二六一)二八九二

※定価は消費税5%込